国际法方法论

彭芩萱 著

Research Methods in
International Law

人民出版社

责任编辑:洪　琼

图书在版编目(CIP)数据

国际法方法论/彭芩萱 著. —北京:人民出版社,2022.10

ISBN 978－7－01－024998－8

Ⅰ.①国… Ⅱ.①彭… Ⅲ.①国际法-方法论 Ⅳ.①D99-03

中国版本图书馆 CIP 数据核字(2022)第 152358 号

国际法方法论

GUOJIFA FANGFALUN

彭芩萱　著

人民出版社 出版发行

(100706　北京市东城区隆福寺街99号)

北京中科印刷有限公司印刷　新华书店经销

2022 年 10 月第 1 版　2022 年 10 月北京第 1 次印刷

开本:710 毫米×1000 毫米 1/16　印张:11.5

字数:200 千字

ISBN 978－7－01－024998－8　定价:59.00 元

邮购地址 100706　北京市东城区隆福寺街 99 号

人民东方图书销售中心　电话 (010)65250042　65289539

目　　录

自　序

当今世界正经历百年未有之大变局,中华民族走上伟大复兴之路,推进全面依法治国进入新时代。为更好地服务于党和国家高水平对外开放大局、进一步落实加快涉外法治人才培养精神、统筹推进国内法治和国际法治、贯彻加强国际法研究和运用的指示,审视各时期中国遇到的涉外挑战与风险,急需探索涉外法治人才培养目标、内容与方式的传承与创新,以培养一批兼具家国情怀与国际视野的应用型、复合型和国际型涉外法治人才。①

国际法学发轫于欧洲,是西方近代文明的产物。到了 19 世纪末 20 世纪初,国际法学在西方国家已经成为比较成熟的法学学科,而后,随着西方列强打开封建中国的大门,其逐渐传入中国,近代中国国际法学随之诞生,并开始走上一条从移植西方国际法学到逐步本土化的发展道路。②

中国近代国际法学的形成与发展主要呈现出了国际法的译著和编著占有较大的比重,从事国际法教学与研究者几乎都是法科留学归国人员,中国近代的国际法著述与译著涉及战时国际法的数量较多,且聚焦较多的国际法问题

---

① 参见《国际公法学》编写组:《国际公法学》(第二版),高等教育出版社 2018 年版,第 11—22 页。

② 参见《国际公法学》编写组:《国际公法学》(第二版),高等教育出版社 2018 年版,第 11—22 页。

是不平等条约和领事裁判权,体现了中国国际法学术界呼吁国家主权完整和民族平等的明显特点。① 中华民国时期,中国的国际法学界以翻译和引进西方国际法著述为中心,其中以周鲠生著《国际法大纲》②和崔书琴著《国际法》③最有影响。周鲠生先生发表了大量的国际法论文,涉及广泛的国际法领域,其中单就不平等条约问题就撰写了《不平等条约十讲》的专论,系统揭示了不平等条约的概念、历史发展、主要内容和废除不平等条约的步骤。诚如王铁崖先生所评价的,周鲠生先生的国际法的教学和研究有理论联系实际和理论探讨深入两个突出的特点,并且在国际法的教学和研究中重视外交史和国际政治问题。"周鲠生先生一生的卓越贡献是对国际法的学术研究","推动了国际法在中国的发展"。④

中华人民共和国成立之后,中国国际法学进入了一个新的发展时代,在不同的阶段呈现出不同的特点。新中国成立之初提出的一系列外交政策为我国在新时代国际法学的形成确立了指导方针。例如,在外交关系上,毛泽东提出的"另起炉灶"和"打扫干净屋子再请客"原则,为新中国独立和平等的国际法学研究提供了政治方向。这一时期也出版了许多西方国际法著作的中译本,如《奥本海国际法》(第七版)⑤和王铁崖翻译的凯尔森著《国际法原理》⑥。此后,周鲠生先生晚年仍抱病撰写了 60 多万字巨著——《国际法》(上、下册)⑦,这部著作是他毕生从事国际法教学、研究和实践的总结,书中旁征博引,批判并合理借鉴了苏联和西方的国际法思想,系统阐述了国际法的一般理

---

① 参见何勤华:《中国近代国际法学的诞生与成长》,《法学家》2004 年第 4 期。

② 参见周鲠生:《国际法大纲》,商务印书馆 1929 年版,第 1 页。

③ 参见崔书琴:《国际法》,商务印书馆 1948 年版,第 1 页。

④ 王铁崖、周忠海编:《周鲠生国际法论文选》,海天出版社 1999 年版,第 1—5 页。

⑤ 《奥本海国际法》是拉萨·奥本海创作的国际法学著作,第一版出版于 1905—1906 年,在奥本海去世后,先由其学生罗克斯伯、麦克奈尔、劳特派特修订,于 1955 年出了第八版,现今已经出版到第九版。

⑥ 参见[美]汉斯·凯尔森:《国际法原理》,王铁崖译,华夏出版社 1989 年版。

⑦ 参见周鲠生:《国际法》(上、下册),商务印书馆 1976 年版。

论,并紧密结合了新中国成立后的外交和国际法实践。①

1978 年中国共产党十一届三中全会的召开,标志着我国进入改革开放的新时期,中国国际法学也迎来了春天,国际法教学与研究在中国日趋深入。这一时期的国际法研究既合理借鉴国外先进国际法理论和研究成果,又运用马克思主义的唯物辩证法,在审视国际形态的基础上结合中国的实践,逐步形成了中国特色的国际法理论。1980 年由王铁崖先生主编的《国际法》奠定了改革开放 40 多年来中国国际法教科书的基本体系。书中首次提出中国和印度、缅甸共同倡导的和平共处五项原则构成国际法的基本原则。②

此外,这一时期的中国国际法学还取得了以下成就。根据现代国际法的新特点,先后提出了国际合作和尊重基本人权构成现代国际法的基本原则,丰富了国际法基本原则。③ 以"三个世界划分理论"为指导,强调发展中国家对现代国际法发展的影响;并明确地提出现代国际法发展的一系列新的特点。中国国际组织法学的开拓者梁西先生于 1984 年出版的《现代国际组织》一书,是我国系统论述国际组织法的第一本专著,④并创造性地提出"一国两制"和"搁置争议""共同开发"等方案,发展了和平解决国际争端原则。⑤

近年来,中国国际法学者的国际影响力也在不断提升。改革开放以来,随着中国综合国力的增强和国际影响力的提升,越来越多的中国国际法专家、学

---

① 参见《国际公法学》编写组:《国际公法学》(第二版),高等教育出版社 2018 年版,第 11—22 页。

② 参见《国际公法学》编写组:《国际公法学》(第二版),高等教育出版社 2018 年版,第 11—22 页。

③ 参见梁西主编:《国际法》,武汉大学出版社 1993 年版,第 61 页;2011 年版,第 60—64 页。

④ 最新版本是梁西著,杨泽伟修订:《梁著国际组织法》(第六版),武汉大学出版社 2011 年版。

⑤ 参见《国际公法学》编写组:《国际公法学》(第二版),高等教育出版社 2018 年版,第 11—22 页。

者在国际司法机构或争端解决机构中担任职务。例如,倪征燠、史久镛、薛捍勤相继当选联合国国际法院法官;李浩培、王铁崖、刘大群先后当选前南斯拉夫国际刑事法庭法官;赵理海、许光建、高之国相继当选国际海洋法法庭法官;王铁崖、邵天任、端木正、李浩培当选国际常设仲裁院仲裁员;等等。张月姣当选世界贸易组织上诉机构首位中国籍成员,另有多名中国籍专家当选世界贸易组织争端解决机构专家指示名单成员。倪征燠、黄嘉华、史久镛、贺其治、薛捍勤先后当选联合国国际法委员会委员;王铁崖、李浩培、倪征燠、陈体强当选国际法研究院院士。①

　　党的十八大以来,以习近平同志为核心的党中央对于外交问题进行了更为深刻的阐释,提出了构建新型国际关系、构建人类命运共同体等一系列具有理论和实践意义的观点,对当代国际法的发展提供了非常重要的指引价值和意义。同时积极推动全球治理体制变革,推动国际关系民主化、法治化和合理化推动构建人类命运共同体,是习近平新时代中国特色社会主义思想的重要组成部分。② 2017 年,在党的十九大报告中,习近平总书记进一步系统阐释了中国坚持和平发展道路,推动构建人类命运共同体的具体内涵。③ 2018 年 3 月,第十三届全国人大第一次会议通过《中华人民共和国宪法修正案》,宪法序言中增加了坚持和平发展道路、坚持互利共赢开放战略和推动构建人类命运共同体三方面的内容。④ 2019 年 10 月,党的十九届四中全会通过的《中共中央关于坚持和完善中国特色社会主义制度推进国家治理体系和治理能力现代化若干重大问题的决定》中明确强调,"加强涉外法治工作,建立

---

　　① 参见《国际公法学》编写组:《国际公法学》(第二版),高等教育出版社 2018 年版,第11—22 页。

　　② 参见《国际公法学》编写组:《国际公法学》(第二版),高等教育出版社 2018 年版,第11—22 页。

　　③ 参见习近平:《决胜全面建成小康社会　夺取新时代中国特色社会主义伟大胜利——在中国共产党第十九次全国代表大会上的报告》,人民出版社 2017 年版,第 58、60 页。

　　④ 参见《中华人民共和国宪法》序言第十二自然段。

涉外工作法务制度,加强国际法研究和运用,提高涉外工作法治化水平。"①会议上明确提出了加强国际法研究与运用、加快培养涉外法治人才工作的重要性。2020 年 11 月 16 日至 17 日,在中央全面依法治国工作会议上,进一步将习近平法治思想明确为全面依法治国的指导思想。同时,习近平总书记在会上强调,要坚持统筹推进国内法治和涉外法治②,进一步提出了在全面依法治国新时代对涉外法治人才培养的新需求。因此,在涉外法治建设中,坚持以习近平法治思想为引领,加强涉外法治人才培养,加大国际法教学支撑,尽快补齐涉外法治人才严重短缺和能力不足的短板,为加快涉外法治工作战略布局,为中华民族伟大复兴和建设社会主义法治国家提供人才保障显得尤为重要。

　　回顾中国国际法的教学与发展历程,我们的国际法方法论研究与创新远远落后于西方学界。在相关教学领域,以我所从教的武汉大学为例,我们的国际法方法论课程一直都是沿用牛津、剑桥等出版社出版的外国教材。末学初生牛犊不怕虎,冒昧在前人的研究基础上形成一本较为通俗的国际法方法论总结,意在方便指导学生及国际法爱好者入门寻找国际法的路径。此举绝非意在开国际法理论先河,毕竟这也是末学能力所不足以涵盖之范围。但是,末学以为,于此新时代推出一本专门的国际法方法论综述,为国际法教学提供工具,培养国际法专业学生寻找国际法的科学思维仍有重要意义。在涉外法治人才培养的过程中,在国际法方法论的指导下,吾辈将进一步关注我国当下所面临的一系列重大国际法问题和当今国际社会共同面临的全球性挑战,进一步关注我国在参与全球治理进程中和涉外法治建设中的难点和短板。③ 回眸

---

①　《中共中央关于坚持和完善中国特色社会主义制度　推进国家治理体系和治理能力现代化若干重大问题的决定》,中华人民共和国中央人民政府网,http://www.gov.cn/zhengce/2019-11/05/content_5449023.htm,最后访问日期:2022 年 5 月 26 日。

②　参见《习近平在中央全面依法治国工作会议上发表重要讲话》,中华人民共和国中央人民政府网,http://www.gov.cn/xinwen/2020-11/17/content_5562085.htm,最后访问日期:2022 年 6 月 25 日。

③　参见刘晓红:《以习近平法治思想为引领加强涉外法治人才培养》,《法治日报》2021 年 1 月 20 日。

数十载涉外法治人才培养发展历程,总结经验与不足,只为更好地服务于党和国家高水平对外开放大局,传承与发展多年来国际法教学成果,形成中国特色的国际法教学模式,不断加强中国国际法学科自信,为中华民族伟大复兴和应对百年未有之大变局培养更多更优秀的涉外法治人才。

悠悠四十载薪火相传,中国涉外法治人才培养依托国际法教学与研究在百废待兴中走向繁荣复兴,在学科建设和国际影响上都作出了卓越的贡献并取得了突出的成就。新时代党和国家领导人立足中国的现实需求,对涉外法治人才培养模式的创新与发展提出了新的要求。中国涉外法治人才培养拥有四十余年的丰厚历史积淀,在中国改革开放的进程中为国家作出了重要的贡献。当今中国仍旧面临着严峻的外部环境和压力,中华民族伟大复兴之路离不开涉外法治人才的披荆斩棘,社会主义法治国家的建设离不开涉外治法人才添砖加瓦。① 毋庸置疑,涉外法治人才的培养,离不开国际法方法论教学所奠定的扎实基础。

在涉外法治人才培养的征程中,在习近平法治思想指导下,坚持统筹推进国内法治与国际法治,通过树立涉外法治人才培养目标、优化培养内容、改进培养方式,强调国际法与国内法并重,加强涉外法治人才培养模式与国际接轨,强化国际法方法论教学等方式,我们立志培养出一批维护国家核心利益,服务全球治理变革,推进人类命运共同体构建的卓越涉外法治人才。②

感谢学友武汉大学国际法研究所李光辉博士对本书的贡献。

寥寥数语,道不尽晚辈惶恐。本书错漏之处,敬请各位专家批评。是为序。

---

① 参见彭芩萱、李光辉:《积淀、贡献与展望:习近平法治思想指导下的涉外法治人才培养》,《法学教育研究》2022 年第 3 期。
② 参见彭芩萱、李光辉:《积淀、贡献与展望:习近平法治思想指导下的涉外法治人才培养》,《法学教育研究》2022 年第 3 期。

导　言

　　在建设社会主义法治国家、培养涉外法治人才、中华民族伟大复兴等历史使命的召唤下,新时代中国法学教育蓬勃发展。法学教育以法学方法论的传承最为关键和基础,因为法学方法是关于法律解释和法律续造的学问,是找法、论法、用法的必备工具。其中,国际法方法论,指为国际法问题提供宏观观念和为国际法问题提供解析工具的系统知识,它就像一幅藏宝图,宏观且明确地指出了国际法所在之处。因此,掌握国际法方法,能够帮助厘清国际法研究思路、辨析国际法问题、提高国际法运用能力、深化国际法理论研究、促进国际法全面发展。本书的形成得益于作者在武汉大学参与教授的国际法法学方法论研究生必修课程,该课程在余敏友教授和肖永平教授的指导下,一直使用牛津大学出版社、剑桥大学出版社等海外学术出版社出版的国际法方法论教材。通过数年的教学,作者发现,一方面,海外学者非常热衷于探讨和继承国际法方法论知识,相关经典论著、文集层出不穷;另一方面,国内国际法学生在这方面的困惑不解较深,甚至不能体会国际法方法论的重要性。因此,本书的撰写主要为国际法学习提供藏宝图:本书主要介绍了国际法方法论的功能,梳理了国际法的自然法方法、实证主义方法、现实主义方法、马克思主义方法、女性主义方法、第三世界方法以及国际法方法在国际组织和国际司法机构的适用情况。读者通过学习这些方法,能够把握国际法发展的全貌和特点,从而进一步提高运用和研究国际法的能力。

具体而言,法学方法是法科学生学好法律、用好法律必须掌握的知识。方法论是对方法的解释和加工,同时也是具体方法的一种融合和结合。法学方法论是方法论的一个延伸,任何学科发展到一定的程度都会累积很多研究方法,而继续发展就会有方法论的出现,也可以理解为方法论的完善和丰富程度可以用来衡量一个学科发展的阶段,或者可以理解为各别学科方法论是方法论本身的一种细分。法学方法论的本质是一种工具,是所有法学研究者的工具,这种工具可以帮助法学研究者更好地通过研究方法去研究法学问题。法学方法论是垂直方向上的进步,是对研究方法的纵深剖析,其核心实际上是围绕研究方法展开的研究,其解决的是法学研究过程中的可能性问题。①

国际法方法论既是法学方法论的一个分支,同时又具有其独特性与独立性,国际法方法论系指为国际法问题提供宏观观念和为国际法问题提供解析工具的理论和手段。国际法方法论的确立则可以不断促进国际法的发展和理论研究的深入。② 对国际法方法论的学习,不仅可以进一步促进国际法的发展,为国际问题的解决提供新的思路与路径,还可以加强对学生国际法学思维方式的锻炼,培养学生用理论思考的方式。理论是通过详细阐述各个概念之间的关系来寻求解释现象的一套命题和概念。③ 国际法的理论具有各种各样的形式。它们试图解释像战争、和平、镇压、经济发展和危机之类非常重要的复杂事情,但各种解释总是需要不断的检验和修正。④ 尽管国际法隐藏了许

---

① 参见德特勒夫·雷纳:《法学方法论的基础知识》,黄卉编译,《中国应用法学》2021 年第 3 期。

② 参见何志鹏、王元:《国际法方法论:法学理论与国际关系理论的地位》,《国际关系与国际法学刊》第 2 卷,厦门大学出版社 2012 年版,第 202、274 页。

③ 参见[美]卡伦·明斯特、伊万·阿雷奎恩·托夫特:《国际关系精要》(第七版),潘忠岐译,上海人民出版社 2018 年版,第 70 页。

④ 参见[美]卡伦·明斯特、伊万·阿雷奎恩·托夫特:《国际关系精要》(第七版),潘忠岐译,上海人民出版社 2018 年版,第 70—72 页。

多悖论,但它提供了重新思考当前世界秩序的性质和功能的机会。因此,国际法方法论的核心要素就在于"囊括或运用仔细的判断或观察"来解决国际法在发展与适用中遇到的问题。

如果法律制度的主要目的在于确保和维护社会机体的健康,从而使人民过上有价值的和幸福的生活,那么就可以把法律工作者视为"社会医生",法学方法论则是他们的"工具",而他们的工作则应当有助益于法律终极目标的实现。但社会是由个人或群体组成的,这就导致摩擦无法避免。因此可以说,法官与律师——通过共同努力而使争议得到公平合理的裁决——就是在执行社会医生的任务。如果一个纠纷根本得不到解决,那么社会机体上就可能产生溃烂的伤口;如果此纠纷是以不适当的和不公正的方式解决的,那么社会机体上就会留下一个创伤,而且这种创伤的增多,又有可能严重危及人们对令人满意的社会秩序的维护。①

拉尔夫·富克斯(Ralph)教授认为,"当今训练法律工作者的重大必要性,在于人们对下述问题的认识有了相当的发展:当代社会的制度及其存在的问题、法律工作者在解决这些问题和运用这些制度过程中的作用以及从职业上参与解决那些法律工作者处理的重大问题所需要的技术等问题。"②然而,尽管法律工作者的一些教育任务必须放在法律工作者理论专业的非法律部分去完成。研读国际法的学生如果对世界历史和文明的文化贡献不了解,那么他也就很难理解那些可能对法律产生影响的重大国际事件。在提高专业能力的较为严格的法律教育专业阶段,也必须始终提醒学生注意,法律乃是整个社会生活的一部分,它绝不存在于真空之中。③

---

① 参见[美]E.博登海默:《法理学:法律哲学与法律方法》,邓正来译,中国政法大学出版社2017年版,第528—532页。

② Goldsmith, Andrew, "Legal Education and the Public Interest, Legal Education", *Review*, 1998, p.155.

③ 参见[美]E.博登海默:《法理学:法律哲学与法律方法》,邓正来译,中国政法大学出版社2017年版,第528—532页。

如果一个人只是个法律工匠,只知道审判程序之成规和精通实在法的专门规则,那么他的确不能成为第一流的法律工作者。一个法律工作者如果希望正确地预测法官和其他政府官员的行为,那么他就必须能够把握当下的趋势,洞见其所处的社会的发展动向。为使自己成为一个真正有用的公仆,法律工作者就必须首先掌握法学方法论的有关知识。教授法律知识的院校,除了对学生进行实在法规和法律程序方面的基础训练以外,还必须教导他们像法律工作者一样去思考问题和掌握法律论证与推理的复杂艺术。[1] 但是,法律教育不应当仅限于上述即时性目的,还应当向学生展示通过充分认识与这一职业相关的知识方能达致的最为宽泛的视界。正是通过这些方面,你不仅会成为你职业中的大师,而且还能把你的论题同大千世界联系起来,得到空间和时间上的共鸣、洞见到它那深不可测的变化过程、领悟到普世性的规律。[2]

被称作国际法之父的荷兰学者格劳秀斯(Hugo Grotius,1583—1645)澄清了很多基本原则,这些原则成为现代国际法和国际组织的基础。对于格劳秀斯来说,所有国际关系都受制于法治——即国家法和自然法,后者是前者的道义基础。格劳秀斯的思想反对那种认为国家可以为所欲为、战争是国家最高权力和主权象征的观点。作为经典现实主义者,格劳秀斯认为,国家像人一样,基本上是理性的,遵守法律,并能够实现合作目标。[3]

格劳秀斯认为,国际关系中的秩序以法治为基础。尽管格劳秀斯本人并不关注通过一个组织来管理法治,但是很多随后的理论家已经把组织结构看作实现国际秩序原则的关键要素。格劳秀斯传统受到威斯特伐利亚传统的挑战,后者确立了国家在一定领土空间内拥有主权的观念。威斯特伐利亚传统

---

[1] See Lon L.Fuller,"What the Law Schools Can Contribute to the Making of Lawyers",*Legal Education Research*,No.1,1948,p.189;Fuller,"The Place and Uses of Jurisprudence in the Law School Curriculum",*Legal Education Research*,No.11,1949,p.495.

[2] See Oliver W.Holmes,*The Path of the Law in Collected Papers*,New York Press,1920,p.202.

[3] 参见[美]E.博登海默:《法理学:法律哲学与法律方法》,邓正来译,中国政法大学出版社 2017 年版,第 528—532 页。

强调主权,格劳秀斯传统强调法律和秩序,二者之间存在持久的张力。国际法包括管理国家之间,国家与政府间组织之间以及在更有限的情况下政府间组织、国家和个人相互之间互动的一系列规则和规范。作为国内司法管辖权,法律服务于多种目的:树立预期、提供秩序、保护现状,使政府为维持秩序而使用武力的行为合法化。它为解决争端和保护国家彼此安全提供了一种机制。它还发挥伦理和道义功能,在大多数情况下以公平和公正为目标,并向人们展示哪些是社会和文化上受欢迎的事情。这些规范需要约束行为。①

但是,国内法与国际法有何不同?在国家层次上,法律是等级制的。对于制定法律(立法机关和行政机关)和执行法律(行政机关和司法机关)来说,都存在既定的结构。国家范围内的个人和团体受法律约束。因为在国家之内对法律具体细节存在一般共识,因此存在着对法律的普遍遵守。保证秩序的和可预见性得以维持,符合每个人的利益。但是,如果法律遭到侵犯,那么国家权威将强迫侵犯者受到审判,并使用国家权威的各种手段来惩罚罪犯。②

与国内法相比,国际法在平行体系中运作。在国际体系中,权威结构是不存在的。没有国际行政机关,没有国际立法机关,也没有拥有强制管辖权的国际司法机关。国家自身在很大程度上就是法律的执行者,对于现实主义者来说,这是最根本的一点:无政府状态。那么,在缺少拥有强制执行力并能使用有效物质胁迫手段迫使他者服从的主权实现的情况下,还能有国际法吗?法律学者克里斯托弗·乔伊纳(Christopher Joyner)认为"能",因为有约束力的法律规则已经得到了确立,国家承认他们的职责和义务,诉诸武力对于国际法体系的运作而言并不是不可或缺的。归根结底,"国际法规则获得规范性力

---

① 参见[美]卡伦·明斯特、伊万·阿雷奎恩·托夫特:《国际关系精要》(第七版),潘忠岐译,上海人民出版社2018年版,第236页。

② 参见[美]卡伦·明斯特、伊万·阿雷奎恩·托夫特:《国际关系精要》(第七版),潘忠岐译,上海人民出版社2018年版,第236页。

量并不是因为任何超越强权或世界政府作出了相关规定,而是因为它们被国家普遍接受为行为规则,并预期各国都会同样接受"。①

国际法像国内法一样有多种渊源。事实上所有法律都来源于习惯。霸权或国家集团以一种特殊方式解决一个问题,随着更多国家遵从这个相同的习惯,这些习惯就会固定下来,并最终被编纂成为法律。例如,英国和后来的美国为发展海洋法作出的首要贡献。作为伟大的航海国家,它们每个都采纳了很多惯例——在海峡通行的权力,向其他船只发送信号的方法,战争期间的航行操作,等等——这些都变成了海洋习惯法,并最终被编纂成法律。② 国际法还来源于条约,条约是现代国际法的主导来源。条约,即国家间明确的协议,大多数司法机构在断案时首先查看条约法。条约是有法律约束力的,只有情势变更才使国家有权不再遵守已经批准的条约。国际法还经权威机构制定和编纂。联合国国际法委员会就是这样的权威机构之一,它由优秀的国际法学家组成。该委员会已经编纂了很多习惯法,并且起草了新的公约。当然,国家甚至地方法院也是国际法的来源。在欧盟,国家和地方法院是至关重要的法律来源,在欧洲体系内,国家法院既是欧洲共同体法律的关键来源,又是这些法律的执行者。③

那么,在缺少国际行政机构和国际立法机构的情况下,加上国际法院有限的权威,为什么国家会自愿遵守国际法呢? 我们可以用私利的术语来回答这个问题。现实主义者和自然主义者都认为,国际法的遵守主要依赖国家及其各自私利。国家受益于通过条约来参与制定规则,否则的话他们就不会参与和批准规则;通过参与,它们能够确保这些规则与其国家利益是相容的。国家

---

① Christopher C. Joyner, *International Law in the 21ᵗ Century: Rules for Global Governance*, Rowman & Littlefield, 2005, p.6.

② 参见[美]E.博登海默:《法理学:法律哲学与法律方法》,邓正来译,中国政法大学出版社 2017 年版,第 528—532 页。

③ 参见[美]卡伦·明斯特、伊万·阿雷奎恩·托夫特:《国际关系精要》(第七版),潘忠岐译,上海人民出版社 2018 年版,第 238 页。

受益于知道其他国家大多会尊重领土、领空和财产权,国际商品和人员可以安全的跨界流动,外交官可以享有国际保护,安全地履行其义务。国家发现"锁定"其承诺是有益的,有利于国内和国际安定。因此,国家大多数时候都遵守国际法。[①]

一些自由主义者会提出一个道义观点,国家遵守国际法是因为,这是在"做正确的事情"。国家想要做正确的和道义上正当的事情,而国际法反映了哪些事情是正确的。根据自由主义思想,国家都想得到正面的积极评价。它们想要得到世界舆论的尊敬,它们害怕被贴上"贱民"的标签,害怕在国际体系中丧失面子和威望。[②]

例如,在近期所发生的一些重大国际事件,如乌克兰危机、中美经济摩擦等,其中包含了丰富又复杂的国际法问题和争议点,如俄罗斯与乌克兰发生冲突是否违反国际法? 是否违反联合国宪章? 俄罗斯特别军事行动是否违反"国家主权原则"? 俄罗斯自卫权主张是否违反"禁止非法使用威胁或武力"原则? 等等。这背后所隐藏的国际法方法,不仅仅是为学好国际法、用国际法解决国际问题提供路径,国际法方法同时为提升国际法话语起到关键性的作用。国际法方法是国际法论证有效性的保障,是取得国际话语胜利的关键环节。

本书一共分为七章的内容。第一章作为引论,主要介绍了何以为法学方法论? 何以为国际法方法论? 第二章介绍了国际法的自然法方法,主要包含了自然法方法的发展与特点;国际法的自然法方法的论点与案例等内容。第三章是实证主义国际法方法,包含实证主义国际法方法的诞生背景、人物与论点,实证主义国际法方法的适用与案例等。第四章介绍了权力博弈视角下的国际法,主要有权力与国际法关系概述,现实主义国际法方法的人物、观点与

---

① 参见[美]卡伦·明斯特、伊万·阿雷奎恩·托夫特:《国际关系精要》(第七版),潘忠岐译,上海人民出版社 2018 年版,第 240 页。

② 参见[美]卡伦·明斯特、伊万·阿雷奎恩·托夫特:《国际关系精要》(第七版),潘忠岐译,上海人民出版社 2018 年版,第 241 页。

应用,现实意义与评价等内容,还介绍了政策定向国际法方法。第五章论述了马克思主义国际法方法的人物、论点和应用,马克思主义国际法方法的科学性和优越性等内容。第六章中综合介绍了女性主义国际法方法、国际法第三世界方法兴起与贡献等。第七章则是讨论国际法方法论的实践:国际组织立法与国际司法机构造法。这一章中主要有联合国国际法委员会的建立、职能与作用,国际司法机构的类型、职能与经典判决等内容。本书面向国际法专业学生和所有对国际法学感兴趣的专业人士。通过阅读本书,读者不仅可以对国际法方法论有更充分的认知与学习,还可以了解实践中如何用国际法方法与国际法思维解决国际问题。总之,国际法并不神秘,学习了国际法方法,就掌握了寻找国际法的藏宝图。

第一章　引论:何以为法学方法论?
何以为国际法方法论?

　　西方的法学方法论已有两千多年的历史。有学者认为,法学方法论起源于古希腊哲学,因为在古希腊时期"从智者和苏格拉底、一直到柏拉图和亚里士多德,以及整个斯多葛学派,法律思考都居于中心地位"。① 当然,在当时,法学方法论并没有成为独立的学科。关于法学方法的系统讨论,可追溯至罗马法。最初,罗马法时代的法学家讨论的问题是"是否存在一种'法学方法'(Legal Method),而不是"存在什么样的法学方法"。对第一个问题的回答是法学家们开始讨论法学方法特征及其应用的前提。② 后世学者认为,罗马法学者最初在《法律问答》《国法大全》等著作中涉及了关于法律本体论(Ontology)、价值论(Axioligy)和方法论(Methodology)的一些基本问题。③ "作为罗马法学家针对具体问题实践活动的副产品,方法论和法律解释理论中的一些基本概念得以确定。例如,逻辑论证(Dialectic)是被古罗马法律职业者广泛运用的一种分析方法。"④就法律解释而言,在古罗马法时期,五大法学家的解释

---

① ［挪］希尔贝克、伊耶:《西方哲学史》,童世骏等译,上海译文出版社2004年版,第123页。

② See Bartosz Brozek,Jerzy Stelmach,*Methods of Legal Reasoning*,Springer 2006,p.1.

③ See Bartosz Brozek,Jerzy Stelmach,*Methods of Legal Reasoning*,Springer 2006,p.7.

④ 参见［澳］帕瑞克·帕金森:《澳大利亚法律的传统与发展》,陈玮等译,中国政法大学出版社2011年版,第36页。

曾被认为是最重要的法律渊源,一些基本的解释规则也得到了发展。① 到了共和国时期,罗马大法官已经开始采用论理解释方法,甚至根据"公平、正义"等原则修改之后的法律进行裁断。② 尤其是罗马法时期,已经采用了类推解释的方法。在帝政时期,由于文字解释逐步倾向于论理解释。凡是法律没有规定的,常常采用类推解释的方式来解释法律。③ 罗马法后期,罗马法学家曾运用典型的辩证解释法来解释法律,例如,分析解释法(discernment)、分类解释法(classification)和资源解释法(etymological)。④ 罗马法学家关于文义解释、类推解释等方法的论述,直到今天仍然是法学解释学方法的重要内容。⑤但他们的研究主要集中于一些具体问题的探讨,方法论本身并没有受到高度的重视。

15 世纪,英国著名法哲学家托马斯·利特顿(Thomas Littleton)曾提出,不能像鹦鹉学舌一样简单的学习法律,而应当注重法律背后的推理和论证,因为,"推理和论证能够让一个人快速地了解法律的真谛"。⑥ 中世纪法学家极为重视对法律文献的注释,也注重从案例中推理归纳出准则。⑦ 但中世纪的法学研究主要采取的是经院式的注释,着重于对具体问题的逻辑分析,欠缺体系化的思考和研究,因而对法学方法贡献较少。从近代到现代,法学方法论发展的背景是社会结构的剧变和相应的法学思潮的转型。在 19 世纪到20 世纪中,围绕"法学到底有没有一套独立于自然科学的方法论"这一问

---

① 参见陈朝璧:《罗马法原理》,法律出版社 2006 年版,第 24 页。

② 参见周枏:《罗马法原论》,商务印书馆 2002 年版,第 104 页。

③ 参见陈朝璧:《罗马法原理》,法律出版社 2006 年版,第 26 页。

④ See Wesley C.J. "Principles of legal interpretation-statutes, contracts and wills", by E.A.Kellaway: *Book review*; "African law and legal theory", edited by Gordon R.Woodman and A.O.Obilade: *Book review*, 1996, pp.134-136..

⑤ See Bartosz Brozek, Jerzy Stelmach, *Methods of Legal Reasoning*, Springer 2006, p.7.

⑥ "Littleton's Tenures in English", London 1556, cited form Jane C.Ginsburg, *Legal Methods: Cases and Materias*, 3rd ed., Foundation Press 2008, Preface.

⑦ 参见[澳]帕瑞克·帕金森:《澳大利亚法律的传统与发展》,陈玮等译,中国政法大学出版社 2011 年版,第 36 页。

题,法学家先后提出了两种不同的方法观:一是"方法自足论",二是"方法非自足论"。

"方法自足论"认为,法学作为一门独立的社会科学,其自身享有一套独立、自足的方法论。该方法论既区别于逻辑学、数学和自然科学,也不同于其他社会科学和人类学。当然,"方法自足论"并不等于"方法孤立论",并不是说法学方法排除一切其他学科的技艺,而是说法律活动所运用的各种方法构成一个自足的系统。在概念法学主张"方法自足论"之后,也有学者极力否定法律本身以及所谓的法学方法存在的意义,此即"方法非自足论"。此观点认为,"法学方法并非完全独立,不能简单地从实证法和概念出发,还应当注重法律的目的和利益等因素,其必须和社会学、历史学等其他社会科学的方法相结合,来对法律进行观察和研究。从这个意义上说,法学方法并非自我封闭的体系,而是属于广义上社会科学研究方法的一部分。"①

第一节　法学方法论:找法的路径

要明确法学方法论的定义或者说是概念,应该从其源头即方法开始理解。李忠夏在《宪法学的教义化》中提出,"方法论是对方法的解释和加工,同时也是具体方法的一种融合和结合,因此方法论应该是系统的或者是一体化的,方法论也是包含在方法这个词意思的外延中的。"②法学方法论是方法论的一个延伸,任何学科发展到一定的程度都会累积很多研究方法,而继续发展就会有方法论的出现,也可以理解为方法论的完善和丰富程度可以用来衡量一个学科发展的阶段,或者可以理解为各学科方法论是方法论本身的一种细分。每一种学科都不相同,都有各自的研究方向和方法上的发展,特别是在目前这样的大环境下,学科的交叉会产生新的细分方向,这些方向又会发散出更多的研

---

① 王利明:《法学方法论》,中国人民大学出版社 2018 年版,第 47—52 页。
② 李忠夏:《宪法学的教义化:德国国家法学方法论的发展》,《法学家》2009 年第 5 期。

究方法和方向,所以方法论的作用,应该是在大的方向内去一体化或者说规范化各种方法。总之,"法学方法论的本质是一种工具,是所有法学研究者的工具,这种工具可以帮助法学研究者更好地通过研究方法去研究法学问题。法学方法论是垂直方向上的进步,是对研究方法的纵深剖析,其核心实际上是围绕研究方法展开的研究,其解决的是法学研究过程中的可能性问题。"①

顾名思义,法学方法论就是关于寻找法律(law-finding)的方法的知识体系。法学方法论在法学研究中具有重要的价值,相关知识自成体系,并发展成为法学理论的核心内容。"法学方法论一方面既是反思法学认识过程而得的结果,另一方面,它又成为构建法学理论的重要条件和要素,是一定法学理论概念和体系形成的手段与逻辑前提。然而,法学方法论并不是孤立的研究单个的法学方法,而是着眼于从总体上研究所有法学方法构成的知识体系,是所有这些方法的理论概括。所以,它具有多维、多层次的结构。从广义上说,它是指关于法学理论和法律实践中的所有方法及其手段、工具、规则、程序的理论,是关于它们的综合知识体系。从狭义来讲,法学方法论指关于法学研究(或展开和进行法学研究的)方法的理论。"②也就是说,法学方法论被作为由各种法学研究方法所组成的,用以研究各种法律现象的方法、手段与程序的综合性知识体系。中国台湾学者杨奕华先生在构建法学方法论研究范畴的基础上,提出了法学方法论的定义:"法学方法论系以一套先设的假定为准据,确定基本的研究立场,从事法学理论之建构,进而以之探讨、诠释、批判之存在与衍化现象、法之科学技术及法之实践功能等之研究态度之学科也。"③

"法学方法论首先必须有建立在某种哲学基础上的假定,这是方法论得

---

① 王利明:《法学方法论》,中国人民大学出版社 2012 年版,第 16 页。

② 文正邦:《当代法哲学研究与探索》,法律出版社 1999 年版,第 153 页。

③ 杨奕华:《法学方法论研究范畴之商榷》,载杨建华教授七秩诞辰祝寿论文集编辑委员会编辑:《法制现代化之回顾与前瞻——杨建华教授七秩诞辰祝寿论文集》,月旦出版社股份有限公司 1997 年版,第 153 页。

以成立的基本前提。所谓假定即从哲学思想出发,根据某种不言自明、理所当然的常识或公理性质的命题对学科所做的一种预设性的演绎推理的逻辑前提,"①它构成了理论分析的基石。法学方法论必须体现研究者的学术立场,以及对法学研究方法的程序设计与科学叙述,同时,法学方法论还必须具有导向、思维和能动的实践功能,并通过评价功能与法律解释功能予以表现。正所谓法律解释"乃法学存在最重要的意义"。②

法学方法论的研究在近几年逐渐受到学者们重视,但是什么是法学方法论,法学的性质是什么,是否有必要需要方法论,以及法学方法论包含哪些研究方法在里面,都依旧存在争议,且一直在被讨论。方法论是研究获得科学知识的方法之学。对于什么是国际法的方法论,目前还无普遍接受的定义。一般认为,国际法的方法论这个概念,既指其广义的概念,即用于获得国际法律体系的科学知识的方法,也指其狭义的、更专门的概念,即用来确定国际法规范或规则的存在的方法。这两个概念的相互关系是显而易见的,法律体系由相互联系的法律规则构成,而法律规范则对它所属的和产生它的法律体系而言才被承认为法律规范。这些方法都属于法学的范畴。"法学常被说成是规范科学,但事实上,情况并非如此。法律本身才具有规范性,因为它的规定是必须遵守的,而法学则像其他科学一样,旨在使人获得知识,它的主旨是研究规则,一般是研究法律现象,因而它不是规范科学。"③

各种国际法学说都包含综合的概念。据以确定法律规范的那些原则,一般就是从这些概念中派生出来的。在这层意义上,我们仅仅讨论分析国际法

---

① 张宇燕:《经济发展与制度选择——对制度的经济分析》,中国人民大学出版社 1992 年版,第 30 页。

② 杨奕华:《法学方法论研究范畴之商榷》,载杨建华教授七秩诞辰祝寿论文集编辑委员会编辑:《法制现代化之回顾与前瞻——杨建华教授七秩诞辰祝寿论文集》,月旦出版社股份有限公司 1997 年版,第 145 页。

③ [法]克里斯蒂昂·多米尼赛:《国际法的方法论》,贾中一译,黎均校,《环球法律评论》1988 年第 2 期。

律体系的方法。第一种方法是不带任何先入之见的观察的方法,这是将法律看作一个社会事实的社会学方法。我们可以看到,国际社会的基本结构,是各主权国家的多元化结构,在这种结构内存在着一个称为国际法的法律规则体系。而且,人们发现,在国际社会内存在着一种集体的法律确信,一种相信国际法确实存在、国家没有它不行的信念,这一发现更证明了上述结论的正确。也使我们能得出这样的结论:"法律,更精确地说,法律观念,是人类思维的产物,是对观察到的社会需要作的理论解释。正是达到这个阶段,我们也就达到了经验的方法的极限。"①

法律观念服务于组织社会与管理社会的需要。"所以,比形式的法律技术更高一层的逻辑推理,也是作为分析的方法来使用的。虽然这种分析方法所得的结果需要以经验的方法来验证,但不是这种推理得出各种观念,并进行使人能对一种法律体系有一个全面的看法的综合。推理的方法指引人们去寻求法律规范形成的方式和使这些方式合理化。推理也突出表明,没有主体的法律规则在逻辑上是不可能的,因而推演出了法律规则主体的概念。所以,经验的观察和逻辑的推理这两种方法如协调使用,我们就能分析国际法律秩序,并解释它的特点。"②对于很多学科来说,方法论都是很重要的一个部分,法学也不例外,当社会发展的技术手段可以提供极大的帮助的时候,法学外沿的扩大以及法学和其他学科的交叉就变得简单了很多,在这种情况下,要更好地研究迅速扩大的外延,以期加深内涵,方法就变得尤其重要。③

民族和国家在其历史发展过程中形成了关于正义和法律的观念和思想,

---

① [美]E.博登海默:《法理学:法律哲学与法律方法》,邓正来译,中国政法大学出版社2017年版,第4—5页。

② [美]E.博登海默:《法理学:法律哲学与法律方法》,邓正来译,中国政法大学出版社2017年版,第5页。

③ 参见[美]E.博登海默:《法理学:法律哲学与法律方法》,邓正来译,中国政法大学出版社2017年版,第4—5页。

尽管这些观念和思想的具体内容和表述方式不尽相同。西方人之所以从阐述希腊人的法律理论入手来考察法律哲学的演化过程,是因为古希腊的先哲们对自然现象和社会现象有着非凡的洞察力。希腊人对自然、社会和社会制度所做的彻底的分析而成了西方世界的哲学先师,与此同时,希腊哲学也成了人们考察整个世界哲学的一个起点。希腊思想家提出的一些假设和结论因日后的经验而未能经受住时间的考验,但是这些思想家用哲学的术语提出和讨论人生基本问题的方法以及寻求解决这些问题的各种可能的方法,却是持久有效的。从这个意义上讲,弗里德里希·尼采(Friedrich Nietzsche)的论断是正确的,"当我们言及希腊人时,我们实际上是在不由自主地谈论现在和过去"。

通过荷马的史诗和海希奥德(Hesiod)的诗歌可以了解古希腊人的法律思想。当时,法律被认为是由神颁布的,而人则是通过神意的启示才得知法律的。海希奥德指出,"野兽、鱼和鸟之所以互相捕杀,乃是因为它们不知道法律;而奥林匹斯山众神之首的宙斯却把法律作为他最伟大的礼物赐予了人类。"①因此,海希奥德把非理性的自然界的 nomos(有序原则或法则)同人类理性(至少是潜在的理性)的世界的规则相对照。他认为,"法律乃是建立在公平基础上的一种和平秩序,它迫使人们戒除暴力,并把争议提交给仲裁者裁断。"②

在古希腊的早期阶段,法律和宗教在很大程度上是合一的。宗教仪式渗透在立法和司法的形式之中,祭司在司法中也起着至为重要的作用。国王作为最高法官,其职责和权力也被认为是宙斯亲自赐予的。公元前5世纪,希腊的哲学和思想发生了一次深刻的变化:"哲学开始与宗教相分离,而且希腊古老的、传统的生活方式也受到了彻底的批判。人们渐渐地不再把法律看作是恒定不可改变的神授命令,而认为它完全是一种人为创造的东西,为权宜和便

---

① Hesiod Erga, *Works and Days*, translated by A.W.Mair, Oxford Press, 1908, p.273.
② [美]E.博登海默:《法理学:法律哲学与法律方法》,邓正来译,中国政法大学出版社2017年版,第4—5页。

利而制定,并且可以根据人的意志而更改。同样,人们还否弃了正义概念中的形而上特性,并开始根据人的心理特征或社会利益对其进行分析。"①

"实施并推进这种价值观转变的思想家,被称之为诡辩派,而且可以被视之为哲学相对论和怀疑论的最早的代表人物。例如,早期诡辩派的领袖人物之一普罗泰戈拉(Protagoras)就否认人具有关于众神是否存在的任何知识,而且还宣称作为个体的人是一切事物的尺度。存在(being)对他来说只不过是经过主观渲染的表象(appearance)。他还认为,每个问题至少都存在两种观点,而把弱势的论点辩为强势的论点正是诡辩的功能所在。"②

诡辩派论者安堤芬(Antiphon)将自然(physis)和法则(nomos)作了明显的区别。他宣称:"自然的命令是必然的和不可抗拒的,而法则的命令则是人类专断制定的,是那种因时、因人和因势的变化而变化的、偶然的和人为的安排。他认为,任何人只要违反自然法则就必定会受到惩罚。但是,如果一个人违反国家的法律而未被发现,那么他就不会受到惩罚也不会丧失名誉。"③这个论辩中所隐含的乃是这样一种假设,即人所约定的惯例(human conventions),实际上只是对"自然权利"(natural right)设定的一种桎梏。

从与上述相类似的前提出发,诡辩家卡里克利斯(Callicles)也把"强者之权利"(right of the strong)宣称为与"约定法"(conventional law)相对的"自然法"的基本原理。他认为,"动物生活和人类生活的本质是建立在强者对弱者持有先天优势的基础之上的;而另一方面,人之法例规定则是由弱者和多数人制定的,因为弱者总是占多数。法律试图使人平等,然而人在本质上却是根本不平等的。因此,如果强者蔑视民众的约定,摆脱了非自然的法律限制,那么

---

① [美]E.博登海默:《法理学:法律哲学与法律方法》,邓正来译,中国政法大学出版社2017年版,第4—5页。

② [美]E.博登海默:《法理学:法律哲学与法律方法》,邓正来译,中国政法大学出版社2017年版,第7页。

③ [美]E.博登海默:《法理学:法律哲学与法律方法》,邓正来译,中国政法大学出版社2017年版,第7页。

他实际上就是在按自然法则行事。"①

同样,斯拉雪麦格(Thrasymachus)也鼓吹"强权即公理"。他深信,法律乃是握权在手的人们和群体为了增进他们自身的利益而制定的。柏拉图在其《理想国》一书就确信斯拉雪麦格对正义作过下述定义:"我断言,正义不外乎是对强者有利的东西。"②因此,正义者就是遵守服务于统治集团利益的法律的人,不正义者就是无视这种法律的人。斯拉雪麦格认为,"既然遵守统治者命令的臣民实际上是在增进另一些人的利益而使自己受到损害,那么正义者往往会比不正义者的生活状况更糟;因此,如果人能绕开法律,那么他为不正义的行为便是值得的。""如果不正义大到足够程度,那么它就会比正义更有力、更自由、更高明。"③这些观点为法学方法论的发展铺垫了基础。

第二节 国际法方法论:寻找国际法

国际法(international law)有狭义和广义之分。狭义的国际法指的是国际公法(public international law),而广义的国际法还包括国际私法(private international law)和国际经济法(international economic law)。国际法,其名称由来已久。古代罗马法曾有"市民法"(jus civil)和"万民法"(jus gentium)的区分。前者指的是调整罗马人之间关系的法律,后者则指调整罗马人与外国人之间以及外国人相互之间关系的法律。其实,当时的万民法并不是近代以来所指的国际法,至多也只是近代以来的国际私法。一般认为,被冠以"国际法之父"的荷兰人格劳秀斯首次使用"万民法"来阐述调整国家之间的法律。他在1623—1624年所撰写的名著《战争与和平法》中所沿用的"万民

---

① Loeb Classical Library ed., *Callicles in Plato*, Gorgias, translated, W. R. M. Lamb, 1932, pp.483−484.

② Everyman's Library ed., *The Republic*, A.D.Lindsaytranslated, 1950, Bk.I.338.

③ Everyman's Library ed., *The Republic*, A.D.Lindsaytranslated, 1950, Bk.I.344.

法"实质上就是"万国法"（law of nations）或"国家间法"（law among nations）。1879 年英国哲学家和法学家边沁在其著作《道德与立法原理》中改用"国际法"（international law），此后，这一名称逐步得到普遍接受，并一直沿用至今。①

值得注意的是，国际法学界还将国际法分别定义为"一般国际法"（general international law）和"特殊国际法"（particular international law）或"区域国际法"（regional international law）。前者指的是对整个国际社会成员（国家和其他国际法主体）都具有法律约束力的原则、规则、制度和机制，后者则只对特定（区域）的成员具有法律约束力，如美洲国际法、欧洲国际法等。一般国际法不仅适用的范围要比特殊国际法广泛，而且其效力也高于特殊国际法。因此，一般国际法是学习和研究的重点。②

与国际公法密切关联的范畴是国际私法和国际经济法。国际私法并不直接调整国家之间和其他国际法主体之间的关系，而是调整不同国家的自然人或法人之间的民事关系的一种法律。从这个意义上讲，国际私法是一个国家的国内法，而不是国际法，有的学者甚至将其称为"涉外民法"。不过，在当今全球化不断拓展和深化的国际社会里，跨国民事交往日益频繁，国家之间或在国际组织的框架内有关调整跨国民事关系的条约和习惯不断增多，这表明国际私法与国际公法之间存在着密切的关系。③

国际经济法原本是国际公法的组成部分。第二次世界大战后，随着国际经济组织的迅速发展和调整国际经济关系的原则、规则和制度的不断增多，国际经济法逐步形成为一个相对独立的法律体系。"其法律规范基本上由两部

---

① 参见《国际公法学》编写组：《国际公法学》（第二版），高等教育出版社 2018 年版，第 24 页。

② 参见《国际公法学》编写组：《国际公法学》（第二版），高等教育出版社 2018 年版，第 24 页。

③ 参见《国际公法学》编写组：《国际公法学》（第二版），高等教育出版社 2018 年版，第 24 页。

分构成:一部分是调整国家与国家之间、国家与其他国际法主体之间以及其他国际法主体相互之间各种贸易、金融、投资、货币、税收、运输、知识产权等经济关系的条约和国际习惯;另一部分是各国或区域一体化组织在这些领域制定的涉外经济法律或规范。可见,国际经济法与国际公法的关系尤为密切。"①

国际法与国际关系拥有一个共同的基本元素——国家。国家是国际法产生和国际关系形成的前提。没有国家的存在,就不会出现国际法;没有国家的力量,即使有了国际法,也无法得到适当的实施。同样,没有众多国家的并存并相互交往而形成国际关系,国际法就没有规范的客体。可见,国际关系是国际法形成和发展的社会基础。一言以蔽之,离开国际关系,国际法无根存在;而忽视国际法的作用,国际关系则无序而言。②

国际法与国际政治同样有着紧密的关系。美国的路易斯·亨金(Louis Henkin)教授甚至认为国际法是国际政治的组成部分:"法是政治主张的反映,是政治的规范表述,法就是政治,国际法就是国际政治。"③究其原因,国际法是民族国家组成的国际体系的法律。当然,它会反映该体系中的政治主张与各种价值,并服务于各种目标。可以说,国际法反映的是国际体系中的各种政治、经济势力,并由这些势力塑造而成。而且,任何一个时期世界秩序的剧变必然会引起国际法的变化,这表明国际法律从属于国际政治。一个国家在国际上的实力(政治、经济、军事等)在很大程度上既决定着该国对国际政治的影响,也决定着该国对国际法发展的影响。随着中国的和平发展,中国对国际政治和国际法的影响必定会随之扩大和增强。④

---

① 《国际公法学》编写组:《国际公法学》(第二版),高等教育出版社2018年版,第25页。

② See Conway W.Henderson, *International Relations-Conflict and Cooperation at the Turn of the 21st Century*, McGraw-Hil, 1998, p.396.

③ 参见[美]路易斯·亨金:《国际法:政治与价值》,张乃根等译,张乃根校,中国政法大学出版社2005年版,第5—6页。

④ 参见[美]路易斯·亨金:《国际法:政治与价值》,张乃根等译,张乃根校,中国政法大学出版社2005年版,第5—6页。

关于国际法的性质,首先要回答的问题是:国际法是不是法律? 凡是对国际法有所认知的人都不会怀疑国际法的法律属性。然而,从历史到现在,对国际法的法律性持否定论者也不乏其人。否定论者的早期代表人物17世纪的法学家普芬多夫就认为,只有自然法才是法,一切实在的国家间协议或"相互义务"都可能被个别国家随意解除,因此它们不构成国际法律。19世纪英国法学家奥斯丁从法律就是国内法的观点出发,否定国际法是真正的法律,认为国际法只是"实在道德"(positive morality)。从两次世界大战直到"冷战"后时代的前南战争、科索沃冲突、海湾战争、利比亚战争等,每当国际法遭到粗暴的破坏或违反,就会引起人们对国际法的法律属性的怀疑。[1]

否定或怀疑国际法的法律属性的一个重要理由是国际法的柔性,即违反国际法的行为屡屡发生,但得不到应有的惩罚。其实,一般情况下,国际法通常是得到各国遵守的,明目张胆地违反甚至破坏国际法的现象毕竟是少数;即便实际上确实违反国际法,主权国家也不会如此声称。正如美国的国际法教授富兰克所指出的,"在国际制度中,规则通常没有被强制执行,但它们大都得到遵守。"[2]如同一个国内社会不能因常有刑事犯罪而否定一个国家刑法的存在,我们不能因为国际社会发生严重破坏国际法的行为(如侵略、种族灭绝)而否定国际法作为法律的存在。更何况国际法中已经建立了各种各样的责任制度、赔偿制度、制裁制度,甚至还有国际刑罚制度。

国际法是法,与"国际道德"或"国际礼让"是有区别的。历史上,英美法院曾经在判例中将国际法称为"国际礼让"。例如,在1880年"比利时国会号案"中,英国法官裁定关于外国大使和君主的豁免权的规则是"使每一个主权国家尊重每一个其他主权国家的独立和尊严的国际礼让"。[3] 国际法与国际

---

① 参见《国际公法学》编写组:《国际公法学》(第二版),高等教育出版社2018年版,第26页。
② Thomas Franck, *The Power of Legitimacy Among Nations*, Oxford University Press,1990,p.3.
③ 王铁崖:《国际法引论》,北京大学出版社1998年版,第11—12页。

道德或国际礼让的区别在于:"国际法是一种必须遵守,否则要承担违反责任的强制行为规范,而国际道德或国际礼让则是"通过舆论形成"并"依仗信仰及道义力量来维持"的行为规范。"①

关于国际法的性质,要回答的第二个问题是,国际法是国家之间的法律,还是国际社会或国际共同体的法律? 在联合国成立之前,中外国际法著作或教科书几乎无一例外地将国际法界定为"各国在彼此交往中形成的有法律约束力的规则总体"。简而言之,国际法就是调整国家间关系的法律,即"国家间法"。在承认国际法整体为国家间法的前提下,不同宗教传统或不同社会制度国家的国际法学者在不同时期对国际法性质的认识也存在明显的差异。在国际联盟成立之前,西方国际法著作甚至将国际法认定为只是"近代文明或基督教国家之间的法律"。苏联的国际法教科书则强调国际法是"调整各国间在斗争和合作过程中的关系,旨在保证国家间和平共处,表现这些国家统治阶级意志"。我国国际法学家周鲠生在 1964 年所著的《国际法》中也明确指出国际法"表现国家统治阶级的意志",不过,他同时强调不同政治和社会制度的各国统治阶级不可能有共同的意志,只能说是代表它们的"协调的意志"。②

联合国成立之后,随着国际组织的迅速发展和民族解放组织的兴起,它们参与国际关系的行为能力和权利能力日益增多,国际法上的权利和义务不再局限于国家之间,而是扩展到其他国际行为主体。现在,普遍认为,虽然国际法仍然主要是调整国家间的关系,但它不再只是国家间的法律,而是属于整个国际社会的法律。还有的学者认为,"冷战"时期的国际法是共处的,而缓冲时期的国际法是合作的,而"后冷战"时代的国际法正在朝着"共进"(co-pro-

---

① 参见梁西原著主编,曾令良修订主编:《国际法》(第三版),武汉大学出版社 2015 年版,第 8 页。

② 《国际公法学》编写组:《国际公法学》(第二版),高等教育出版社 2018 年版,第 27 页。

gressiveness)迈步。① 近年来,还有的国际法学者鉴于国际法的内容越来越注重个人权利和全人类整体利益的保护,认为当代国际法已经具有明显的国际共同体法(law of international community)性质,或人本化趋势。②

总之,作为适用于国际社会的国际法,与国内法相比,具有如下一些基本特征③:

从主体来看,国际法的主体主要是公权机构。从调整的对象来分析,国际法调整的是国际关系,其中主要是国家与国家之间、国家与国际组织之间、国际组织相互之间以及国家和国际组织与其他国际法主体之间的关系,只有在特定的领域中(如国际人权法、国际刑法、国际行政法等)才涉及个人的权利和义务关系。④ 从形成的方式来考察,国际法的形成主要依靠反复实践中形成的国际习惯和彼此之间通过谈判缔结的各种协议,即条约。从调整的法律关系的相互性来看,国际法的大部分规则是相互的和对等的。这是由国际法本质上是平等者之间的法律所决定的。国家主权平等是国际法首要的基本原则。任何国际法原则、规则和制度的确立都建立在这一原则的基础上。在国际法上,一国的权利就是他国的义务,反之亦然。从国际法规则的性质来分析,大部分规则都属于任意性规则,不具有强制性。⑤ 也就是说,在国际法上,国家既然拥有主权,当然可以选择是否缔结或参加某项国际条约从而同意受其约束。从实施的方式着眼,国际社会没有统一的行政机关来执行国际法。国际法的实施主要依靠各国的执行行动或措施,即通过国家的"自助"(self-help),尽管有关的国际组织根据其章程在本组织框架内享有一定的执行权和监督执行权。此外,从司法权来看,国际社会没有统一的司法体系来适

---

① 参见易显河:《向共进国际法迈步》,《西安政治学院学报》2007年第1期。

② See Antonio Cassese, *International Law*, Oxford University Press, 2001, pp.15—27;又参见曾令良:《现代国际法的人本化发展趋势》,《中国社会科学》2007年第1期。

③ 参见曾令良、饶戈平主编:《国际法》,法律出版社2005年版,第12—14页。

④ 参见曾令良、饶戈平主编:《国际法》,法律出版社2005年版,第12—14页。

⑤ 参见曾令良、饶戈平主编:《国际法》,法律出版社2005年版,第12—14页。

用和解释国际法并解决各种国际争端。①

　　国际法的研究者经常采用方法这个概念，但实际上，这些学者是在不同的含义上使用"方法"一词的。例如，有的学者分析了国际法的操作式的方法，有的学者在分析西方国际法研究的时候，提到"与国内法相联系、跨学科、更具实用性、与国际政治紧密结合"等新研究方法，实际上就不是同一层次、相互并列的。因为"跨学科"就应当包括了在理论上与国际政治紧密结合；"更具实用性"就包括了与国内法相联系以及在实践上与国际政治紧密结合。还有些学者谈到研究方法的时候，列举"价值分析""比较研究""跨学科"，而比较研究与价值分析很可能融合在一起，跨学科也可能是比较研究的参照系或者价值分析的立足点。同样，西方国际法学者以"进路方法"（approach）或者"视角"（perspective）所列举的国际法研究方法，例如实证主义、纽黑文方法、新纽黑文方法、国际关系与国际法、国际法律过程、批判法律方法、核心案例方法、经济与法、女性主义法学、第三世界方法等，同样也存在罗列杂乱、层次不清的问题。在这种背景下，这些词汇虽然都有方法的内涵，但都没有系统地解释不同方法之间的内在关系。"所以，在认识国际法的研究方法时，首先应当分清方法的不同层次。按照通常的理解，方法是关于解决思想、说话、行动等问题的门路、程序等，门路和程序可能是存在着多种维度的，各种维度之间不可避免地存在着交叉；如果从普通的方法上升到方法论的层次，那么问题就会显得更为错综复杂。由此再进一步到哲学意义上的方法论，方法的指向就更加多元化。因而，笼统地讨论方法虽然也有帮助，但是注意到方法的多维性，并从不同的维度探寻方法，对于有意识地寻找方法、选择方法、运用方法显然具有更大的裨益。"②

　　我们所学习、讨论的"国际法方法论"，通常系指为国际法问题提供宏观

---

　　① 参见《国际公法学》编写组：《国际公法学》（第二版），高等教育出版社 2018 年版，第 28 页。
　　② 何志鹏、王元：《国际法方法学：法学理论与国际关系理论的地位》，《国际关系与国际法学刊》2012 年第 1 期。

的观念(国际法观)和对于国际法问题提供解析工具的理论和手段。国际法的研究必须一方面确立明晰的思想,另一方面妥善掌握表达的方式。因而,各个层次、各个维度的方法都是围绕着思想的表达而采用的,思想与表达是统摄国际法研究的纽结。方法论是"研究人从事认识世界、改造世界、评价世界等活动的方法的本质、来源、种类、作用、运用等的一般理论"①;是"关于认识世界和改造世界的方法的理论。按其不同层次有哲学方法论、一般科学方法论、具体科学方法论之分。哲学方法论是关于认识世界和改造世界的最根本的方法理论。一般说来,方法论同世界观是统一的。用世界观去指导认识世界和改造世界,就是方法论。一切从实际出发、实事求是、矛盾分析、具体情况具体分析,以及历史唯物主义的分析法,是马克思主义哲学方法论的基本要求"②;或者是"在某一门具体学科上采用的研究方式、方法的综合"。

一般认为,方法是为人们提供从事某一活动可遵循的方式、模式、程序和过程。法学方法是人们在认识法律现象和适用法律规范时可以遵循的基本程序和思维方式。它包括两方面相互联系的内容。"一是法律方法,即在立法和司法实践中,围绕法律规范的制定与适用,对法律现象进行定性与规制,对法律规范进行解释的方法,也即立法方法与法律解释方法。二是法学研究方法,即在认识法律现象或理解法律规范时,运用权力、权利、义务、责任等法律思维和法律逻辑。根据多数学者的观点,法学方法被概括为实证分析和价值判断两个主要方面。"③作为法学的一个分支,国际法方法同样也可区分两个使用语境。其一是国际法的法律方法,指以国际法规范为研究的出发点和归宿,归纳或演绎国际习惯,阐释并评价国际条约,制定和适用国际法的方法。法律方法意义上的国际法方法既是关于实证分析、法律解释的"司法"方法,也是关于价值判断、利益衡量的"立法"方法。其二是国际关系研究中的国际

---

① 《中国大百科全书》第6卷,中国大百科全书出版社2009年版,第291页。
② 《辞海》,上海辞书出版社2009年版,第576页。
③ 潘德勇:《国际法方法的源流与发展》,《重庆理工大学学报(社会科学)》2010年第8期。

法学研究方法,是将国际法作为认识和分析国际现象、国际交往的基本工具,用于评判国际规则的公平正义,国家交往的是非曲直的方法。在国际关系领域,国际法学研究方法主要是相对于国际政治、国际关系学等研究方法而言的。① 然而,在国际法学界,国际法方法在学者的著述中却没有明确的界定。"进路"(approach)、方法(method)、学派(school)、理论(theory)、思潮(stream)、学说(doctrine)、视角(perspectives)、主义(-ism)等均是学者在论证"国际法方法"时所使用的术语。"这些术语基本可归为两类。一类是理论、学说、学派或思潮;另一类是进路、方法、视角。不同理论、学派和思潮的背后是进路、方法和视角的差异,因为每个特定的学说都有其固有的方法或视角。学说、流派是运用一定方法和思维的结果;不同的学说体现了不同的研究方法和进路。因此,方法是学说之因,学说则是方法之果。方法与学说之间的紧密联系在国际法理论中表现得尤为明显:对于缺乏理论系统性的国际法而言,主张不同的学派和方法,实际上等同于主张不同的国际法体系。"②

在 20 世纪以前,自然法学派和实证法学派是国际法的主流学派,与之相对应的国际法方法——自然法方法和实在法方法,对于国际法的发展和完善起到了重要的"构建"作用。自然法的主导地位被实在法取代意味着法律自由主义向现实主义的转变,国际法在规则的确定性方面向前迈进了重要的一步。到 20 世纪后半期,国际社会面临的一系列新问题引发了实在法的危机,国际法规则的确定性备受质疑,国际法的效力遭遇挑战,甚至面临着合法性危机。在这种背景下,欧美一些国际法学者积极回应,并采取了有别于传统上以"法律规范"为中心的静态的解释和评价的方法,从更广泛的动态的社会、政治、经济,甚至人性的角度去认识国际现象和国际法规范,因此被称为国际法研究的"新

---

① 参见潘德勇:《国际法方法的源流与发展》,《重庆理工大学学报(社会科学)》2010 年第 8 期。

② 潘德勇:《国际法方法的源流与发展》,《重庆理工大学学报(社会科学)》2010 年第 8 期。

方法"。与这些视角各异的方法相互照应的理论和学派也被命名为"新思潮"。"新方法"与"新思潮"在20世纪最后10年间受到欧美国际法学界的全面关注,以至于以专论形式研究国际法方法和学派成为当时著名国际法杂志的时尚。① 尽管对传统的批评较为严厉,但各种研究国际法的"新方法"和"新思潮"在学说体系上缺乏系统的构建,因此,与其说是独树一帜的"新学说"或"新方法",不如说是另辟蹊径的"新思维"或"新视角"。尽管如此,新方法对于传统国际法方法的质疑和批判对于重新认识国际法提供了重要的视角。② 与实证分析国际法在其长期的发展过程中,形成了许多理论和学说。这些理论中包含了诸多的国际法方法,它们从不同角度揭示了国际法的性质、功能、价值和体系等。

现代国际法的研究,自西班牙的卡萨斯、维多利亚、苏亚雷兹开始进行专门的研究起算,已经有超过500年的历史;从荷兰法学家格劳秀斯的《海洋自由论》(1609)、《论战争与和平法》(1625)、《捕获法评论》(1868)等著作问世至今,也有400年的时间。与之相比,国际关系的研究仅有一个世纪的历史。但是,从研究的深度、广度、影响上看,国际法领域出现了现实主义、自然主义、社会主义这三大主流学派和若干发展中的学派,同时对国家的战略决策起到了重要的解释或指导作用。③ 而国际法的研究,虽然成果迭出,但真正能够具有理论建树和实践指导价值的,为数甚少。其中的原因当然多种多样,但是,国际法研究方法自觉的缺乏是一个关键方面。对于国际法的研究方法,国际法学界自觉使用某种方法者也颇为鲜见。由于缺乏方法的自觉,研究就很容易低效率、走弯路、绕圈子,由于缺乏方法的自觉,就很难了解国际法学术研究的真正位置、真正使命,从而迷失研究的方向。没有明确方向的研究,自然也就很难具有知识生产、学术创新、文化积累的功能。所以,国际法研究方法的

---

① 参见潘德勇:《国际法方法的源流与发展》,《重庆理工大学学报(社会科学)》2010年第8期。

② 参见潘德勇:《国际法方法的源流与发展》,《重庆理工大学学报(社会科学)》2010年第8期。

③ 参见何志鹏:《国际法方法论:以思想与表达为核心》,《武大国际法评论》2011年第1期。

讨论是促进国际法整体进步和提升的重要环节。①

国际法的约束力源自哪里,即国际法效力的根据是什么? 自近代以来,国际法学界对这个理论问题的研究从未间断,先后形成了一些学派,对不同时期的国际法发展产生了重要影响。② 例如,自然法学派主张昭示着宇宙和谐秩序的自然法为正义的标准,坚持正义的绝对性,特别重视法律存在的客观基础和价值目标,即人性、理性、正义、自由、平等、秩序,强调对法律的终极价值目标和客观基础的探索。在国际法学史上,自然法学派的代表人物主要有荷兰的格劳秀斯、德国的普芬多夫和瑞士的瓦特尔以及英国的劳里默。按照格劳秀斯的观点,自然法是国际法的独立渊源,国际法对各国的约束力不仅来自各国的意志,而且也来源于自然法。瓦特尔甚至认为,理性是国际法的主要依据,而国家的同意是次要的依据。普芬多夫则更为极端,强调自然法是国际法的唯一根据,在自然法之外并不存在具有真实法律效力的国际意志法或实在法。劳里默的特点是,在当时实在法学派已经流行的情况下仍然坚持自然法观点,认为人类法只是宣示了自然法,国际法只是在国家关系上实现自然法。而实在法学派是与自然法学派相对立的一个学派,在国际法理论和实践中占据绝对优势。③ 20 世纪初之前,欧洲著名的国际法学者大都属于实在法学派,其主要的代表人物有英国的苏支、荷兰的宾刻舒克、德国的摩塞尔和马顿斯

---

① 参见何志鹏:《国际法方法论:以思想与表达为核心》,《武大国际法评论》2011 年第 1 期。

② 参见杨泽伟:《国际法史论》,高等教育出版社 2011 年版,第 96—197 页;[英]马尔科姆·N.肖:《国际法》(第五版)(上),北京大学出版社 2005 年版,第 22—64 页;徐崇利:《决策理论与国际法学说—美国"政策定向"和"国际法律过程"学派之述评》,载《国际关系与国际法学刊》第 1 卷,厦门大学出版社 2011 年版,第 25—38 页;王铁崖:《国际法引论》,北京大学出版社 1998 年版,第 25—36 页;白桂梅:《政策定向学说的国际法理论》,载《中国国际法年刊》(1990 年卷),法律出版社 1991 年版,第 217—221 页;万鄂湘、王贵国、冯华健主编:《国际法:领悟与构建迈克尔·赖斯曼论文集》,法律出版社 2007 年版,第 1—25 页;Charlotte Ku and Pau F. Diehl (eds.), *International Law - Classic and Contemporary Readings*, Lynne Reinner Publishers, 2003, pp.23–51。

③ 参见《国际公法学》编写组:《国际公法学》(第二版),高等教育出版社 2018 年版,第 29 页。

等。实在法学派主张国际法效力的根据不是自然法或抽象的人类理性,而是现实的国家同意或共同意志。各国的同意或国际社会的公认是国际法唯一的基础。例如,在苏支的国际法著作中,并没有提及传统的自然法。他以平时国际法为主,将整个国际法体系分成平时国际法和战时国际法,认为国际法是大多数国家间合乎理智的惯例所形成的法律(即国际习惯),以及国家之间所表示同意的法律(即国际条约)。宾刻舒克的国际法著作同样不涉及自然法,主要是从荷兰缔结的近代条约和先例中来阐述国际法。摩塞尔主张"像旅行家观看景色那样记述国际法现象",所以,他的国际法代表全文刊载条约,并将宫廷之间的书简作为实例全文照录。对于习惯国际法,他认为应从惯例存在于现实之中这样一种经验主义的认识里去寻找国际惯例的终极基础。

在欧美,对国际法方法论的系统研究发轫于实在法的勃兴,其间经历了实在法危机,并促成了实在法的完善。到了20世纪后半期,研究国际法现象的"新方法"层出不穷,视角各异,自成一体,但均未超出实证分析和价值判断两种基本法学方法。作为法学的一个分支,国际法方法同样也可区分两个使用语境。其一是国际法的法律方法,指以国际法规范为研究的出发点和归宿,归纳或演绎国际习惯,阐释并评价国际条约,制定和适用国际法的方法。法律方法意义上的国际法方法既是关于实证分析、法律解释的"司法"方法,也是关于价值判断、利益衡量的"立法"方法。其二是国际关系研究中的国际法学研究方法,是将国际法作为认识和分析国际现象、国际交往的基本工具,用于评判国际规则的公平正义,国家交往的是非曲直的方法。在国际关系领域,国际法学研究方法主要是相对于国际政治、国际关系学等研究方法而言的。国际法新方法将自然法与实在法融合在一起,在与传统的国际法方法的共生与互动中,使国际法在向前发展的进程中得以反省,并不断完善。①

可见,国际法方法论作为寻找国际法的关键路径其重要作用更为凸显。

---

① 参见潘德勇:《国际法方法的源流与发展》,《重庆理工大学学报(社会科学)》2010年第10期。

其可以进一步发挥国际法作为国际法主体行为正义性和合法性寻找依据,提供佐证的关键方式与思路。最重要的国际法主体是国家,国际法方法可以为国家行为的(非)正义性和(非)合法性找依据。例如,在乌克兰危机中,俄罗斯一直强调自己采取的特别军事行动同"侵犯乌克兰的利益"无关,只是为了保护自己免受"那些将乌克兰扣为人质的人"的侵害,主张本国是行使符合国际法的自卫权。可见,国际法方法在国际交往和重大国际事件中起到的按图索骥之作用,为国际行为体的行为法律依据提供寻找法律渊源的思路。

第二章　仰望星空:国际法的
自然法方法

第一节　自然法方法的发展与特点

自然中含有一种规范性的秩序。这种规范性秩序构成了人类社会的模式,或者说社会秩序的原型。古典自然法时期的哲学家摆脱了对自然的恐惧和崇拜,把自然作为客观的求知对象,专注于对自然现象的研究。面对纷繁复杂、变化万千的自然界,他们致力于探求其统一的"本质",发现其内在的和谐秩序与规律。赫拉克利特对"逻各斯"的发现标志着早期自然法观念的确立。在公元前6—前5世纪中叶,在伊奥尼亚的米利都,泰勒斯、阿那克西曼德、阿那克西美尼等一批早期的自然哲学家开始从神话时期的蒙昧状态中走出来。他们把目光转向自然宇宙,也即把自然作为客观的求知对象,并对之进行了非功利性的系统考察和总体描述,对世界的起源、构造、组织等作出了新的解释。在他们看来,"世界秩序不再是由某个特殊的原动者在某一时刻创造出来的,支配世界的伟大法则内在于自然,一切元素都是根据这个法则相互依存与相互冲突,构成了一个有序的整体。"由此他们产生了一种对自然事物的新观念,产生了就自然本身来了解自然,寻求客观原因和理由的科学态度和思维方法。①

---

① 参见占茂华:《自然法观念在古希腊的产生与发展》,《外国法制史研究》2019年第1期。

自然法学派认为理性是法的本体。古希腊赫拉克利特(Herakleitos)认为"逻各斯"是万物之源,法律是超越人类而存在的自然理性。其后雅典的智者学派明确将法区分为人定法和自然法,自然法的有效性不容置疑地凌驾于人定法之上。柏拉图(Plato)强调用真理治理城邦,法律即是真理,他把法律看做"真正覆盖生活各个部门科学真理的复制品"①,是人类智慧和正义的结晶,柏拉图对法律的理解是客观唯心主义的。亚里士多德师承柏拉图,在谈到法律时,他说,"法律恰恰正是免除一切情欲影响的神祇和理智的体现"②。古罗马的西塞罗(Cicero)沿袭斯多葛学派自然法思想,认为法律产生于自然,并作为习惯因袭下来。中世纪的托马斯·阿奎那(Thomas Aquinas)把法律分为永恒法、自然法、人定法和神法,并且认为"一切法律只要与真正的理性相一致,就总是从永恒法中产生的"。③ 阿奎那的法学思想具有浓厚的神学主义色彩。近代自然法学说摆脱了对自然界和神的倚赖,转而从人自身的理性去寻找法的存在本源。

孟德斯鸠(Montesquieu)认为,法律的形式是理性的规范,"国有法制,所以齐民者也。广而言之,人心之理也"。④ 卢梭(Jean-Jacques Rousseau)的法律思想中"意志"具有重要地位,他认为法律是"意志的普遍性与对象的普遍性的结合物","法律只不过是社会结合的一种条件。法律的创制者应该是服从法律的人民"⑤。经过第二次世界大战而复兴的自然法学理论渐趋"社会本位"。富勒(Fuller)坚持法律与道德不可分离,他将法律分为实体自然法与程序自然法,认为程序自然法是法律的内在道德,并提出了著名的法治八项原则,其中,"法律必须公布、不存在内部矛盾、具有可操作性和稳定性、官方行动与法律的一致性"等又包含着对立法机关、普通

---

① 陈金全、陈鹏飞:《对柏拉图法律思想的重新解读》,《环球法律评论》2006年第6期。
② 亚里士多德:《政治学》,商务印书馆1965年版,第169页。
③ 托马斯·阿奎那:《阿奎那政治著作选》,商务印书馆1963年版,第111页。
④ 孟德斯鸠:《法意》(上册),商务印书馆1981年版,第21页。
⑤ 州长治:《西方四大政治名著》,天津人民出版社1998年版,第492页。

公民和司法者之间协作关系的肯定,因此,"法律应当被视为一项有目的的事业,其成功取决于那些从事这样事业的人们的能量、见识、智力和良知"。① 罗尔斯(John Rawls)在《正义论》中设置了一张无知之幕,人们在无知之幕的原始状态中出于自身利益的考虑而达成一种全体一致同意的正义,法律不仅包括自然法一直以来对实质正义的追求,也包括了与实质正义伴随的形式正义。德沃金(Ronald Dworkin)在其《认真对待权利》一书中写道:"权利论指出了英美社会给予法律的特殊尊崇的来源。它反映出这一社会的理性的政治道德,正是这种法律的合法性和政治道德之间的关系给予了法律特殊的尊敬和特定的有效性,具备了道德性的权利使法律具有了合法性。"②

　　古典自然法学家对法律调整的某些要素和原则进行了详尽的阐释,而这些原则和要素则是一个成熟的法律制度的基本先决条件。这样,他们就为现代文明的法律秩序奠定了基础。古典自然法学派在法律与自由及平等价值之间发现了某种联系,而这种联系至少表明,对人施以的压制性的和专横的统治实与法律的概念不相融合。所有的自然法哲学家,其中包括霍布斯,可能都会同意卢梭有关"权力并不创设权利"(force do-not create right)的观点。③ "另外,古典自然法哲学家还渐渐发现,法律不仅是抑制无政府状态而且也是抵御专制主义的堡垒。即使像霍布斯和斯宾诺莎这样的法学家——他们把法律反无政府主义的特点放在突出的地位——也要求他们所期望的那种强政府能出于自愿而给予公民某些自由。而像洛克和孟德斯鸠那样的论者首先强调的则是法律反专制主义的特点,但是他们也承认政府有必要防止无政府主义的扩张。然而需要指出的是,这些法律哲学家处理法律问题的那种有条有理的方

---

① 富勒:《法律的道德性》,商务印书馆 2005 年版,第 169 页。
② 武静:《论马克思主义法学方法论》,《广西社会科学》2014 年第 2 期。
③ 参见[美]E.博登海默:《法理学:法律哲学与法律方法》,邓正来译,中国政法大学出版社 2017 年版,第 77 页。

法，却常常是以非历史的简单程式和任意的假设为其特点的。例如，他们毫无根据地认为，理性能够设计出普遍有效的法律制度的全部细节。"①

虽然古典自然法学派的理论在20世纪得到了修正，但是我们并不能由此而贬低该学派的伟大成就。在他们那个时代的政治实践活动方面，自然法学家的努力为历史的进步提供了可贵的帮助。他们创造了一些实现个人摆脱中世纪束缚的工具。"自然法对于废除农奴制和奴隶制起到了很大的作用；它在摧毁中世纪的行会和中世纪对商业和工业的束缚方面也极有助益；它对地产摆脱封建的重负起到了很大的促进作用；它创立了迁徙自由和选择职业的自由，并开创了宗教和思想自由的时代；它通过废除严刑拷打和使惩罚人道化的方式而克服了刑法和刑事诉讼中最为严重的缺点；它废除了巫术审判；它力求使每个人都得到法律的保护并主张法律面前人人平等；它还阐明了国际法的一般原则。"当然，所有上述成就并不能完全归功于自然法学家的直接影响和作用，因为在16世纪开始的个人解放进程中，还有许多其他因素也在同时起作用，而且这一进程的活力与速度在西方诸国亦各不相同。但是，毋庸置疑，在自由主义的兴起及其所实现的法律改革过程中，古典自然法运动是极富创造性的力量之一。②

自然法哲学的另一个实际结果就是它掀起了一场强有力的立法运动。自然法的倡导者认为，通过运用理性的力量，人们能够发现一个理想的法律制度。因此，他们都力图系统地规划出自然法的各种规则和原则，并将它们全部纳入一部法典之中。"这样，约在18世纪中叶，人们启动了一场立法运动。它的第一项成果就是《普鲁士腓特烈大帝法典》（*Allgemeines Landrecht*）③。该法典中包含了克利斯帝安·沃尔夫（Wolff）所提出的仁慈

---

① ［美］E.博登海默：《法理学：法律哲学与法律方法》，邓正来译，中国政法大学出版社2017年版，第77页。

② 参见［美］E.博登海默：《法理学：法律哲学与法律方法》，邓正来译，中国政法大学出版社2017年版，第78页。

③ 1794年在腓特烈大帝的继承者统治时期颁布。

的、家长式的法律哲学中的重要成分。这场立法运动的最高成就之一,则是1804 年的《拿破仑法典》,它至今在法国有效。奥地利于 1811 年也颁布了一部法典。在通向法典化的道路上,此后的里程碑有 1896 年的《德国民法典》和 1907 年的《瑞士民法典》。所有上述法典,通过赋予其效力范围内所有的人以一定的自由、平等和安全,实现并实施了古典自然法学派所提出的某些基本要求。"①

　　自然法的思想可追溯到欧洲早期的神学和哲学,后被用于法学领域。在国际法领域,从 16 世纪到 18 世纪,自然法作为成熟的理论学派经历了产生、发展并占据主导地位的过程。早期的自然法学者认为,"国际法是建立在普遍的自然法之上的,国际法来源于自然法或是自然法的延伸,自然法是国际法的基础。自然法学者否认或部分否认实在法规则,坚持只有自然法才是有拘束力的规范。他们将国际法看成自然法的一部分,或将二者完全等同。"②对于法律规则的效力,该学派认为,法律是超意识的有效命令,因此只能从其超意识层面上获得效力。这种超意识的源泉可以从上帝的意志,人类固有的纯粹理性,正义的思想和社会连带中寻求。在法学方法上,自然法学派倾向于"价值判断"的方法。受国内法自然法思想的影响,国际法的自然法学派同样关注法律的正当性、立法过程的合理与否、法律效力的根源等本体问题。③ 在论证方法及体系构建上,自然法将法律的实体正义诉诸"道德""自然法则""法律良知""理性"等抽象的概念,主张个人的一些权利可以直接从上帝所创造的普遍或特殊的自然中演绎。这些权利所来源的自然通常被认为是人性本身,特别是其理性。因此,内生的、固有的人权与实在法所赋予的权利是不同的,其应具有更高层次和效力。对于固有权利(inherent

---

　　① [美]E.博登海默:《法理学:法律哲学与法律方法》,邓正来译,中国政法大学出版社2017 年版,第 77—79 页。

　　② 潘德勇:《国际法方法的源流与发展》,《重庆理工大学学报(社会科学)》2010 年第 8 期。

　　③ 参见潘德勇:《国际法方法的源流与发展》,《重庆理工大学学报(社会科学)》2010 年第8 期。

rights)的基本范围,凯尔森认为包括"自由、平等、财产以及自我保护"。在对"正义""自由""平等"等抽象的概念进行阐述时,自然法学派采取了"演绎"的方法。"当时的国际社会现实基础为演绎方法的运用提供了现实条件。因为以演绎的方法论证国际法需要有相当数量的材料为基础来进行可信的抽象。在早先和平与战争界限不明的时代,法学家是无从演绎出国际法体系的。"①

　　直到16、17世纪,圣经、经典论著、神学、历史以及国家实践才为合理的国际法体系的演绎提供了参考素材。然而,尽管存在大量的国家实践,但自然法学者出于对规则背后的实质合法性的关注,仍主要从道德、理性、正义中演绎国际法规则。这使得"找法"实际上无异于"造法",从而极大地损害了演绎方法的科学价值。因此,自然法在19世纪后遭到多数现代国际法学者的批评。② 斯塔克提出,"每一个自然法学者都将自然法的概念隐喻为一些更为抽象的概念,如理性、正义、效益、国际社会的普遍利益或是教义。这些不同的解释导致了巨大的混乱"。施瓦曾伯格和布朗也认为,自然法学派的观点"太模糊以至于在实际上没有意义"。尽管如此,自然法的历史与现实意义不容抹杀。③ 自然法的理念,由于其"理性和理想主义的特点,对国际法的发展起到巨大的积极影响。其至少使人们产生对国际法的尊重,并且提供了国际法的道德基础"。即便在当代,自然法学派的功绩仍有两方面的重要体现:"首先,尽管其所主张的价值判断和演绎方法存在着不确定性,但却为此后的国际法学说树立了标靶和立论的禁区。以自然法学派为鉴,实在法学派更注重规则的确定性和形式合法性。其次,尽管自然法学派的论证和分析充满了神学和

---

①　参见潘德勇:《国际法方法的源流与发展》,《重庆理工大学学报(社会科学)》2010年第8期。

②　参见潘德勇:《国际法方法的源流与发展》,《重庆理工大学学报(社会科学)》2010年第8期。

③　参见潘德勇:《国际法方法的源流与发展》,《重庆理工大学学报(社会科学)》2010年第8期。

非理性色彩,但其所涉及的正义的标准问题在今天仍然悬而未决,没有任何学派或方法能够提供满意的答案。从这个意义上说,自然法学派既是国际法的起点,也是国际法的终点。与其说其运用了一种方法,不如说提出了一个永恒的问题——国际正义问题。"①

第二节　国际法的自然法方法:人物、论点与案例

在古希腊,人们已经意识到,宇宙进程并非偶然或随意的,而是依据"定则"运行,受必然性或规律支配的。米利都学派的重要代表人物阿那克西曼德认为,世间之物皆有其原因,它们之所以变化,是命运(必然性)使其然,"万物所由之而生的东西,万物消灭后复归于它,这是命运规定了的,因为万物按照时间的秩序,为它们彼此间的不正义而互相补偿"。阿那克西曼德的这种"命运"或"必然性"的观念为"自然法"观念的出现在哲学上作了先声和铺垫。阿那克西曼德之后,毕达哥拉斯又以数的比例关系来说明万物的存在和变化。在他看来,"整个宇宙就是按一定的数的比例组成的有秩序的结构"。也就是说,在他以数为核心的理论思想体系中,他不仅把自然界的万事万物看作数的和皆排列组合,而且把人类社会的法律秩序、伦理秩序等视为数的和谐排列。以后所有自然法学说都源于此,即把自然法理解为超越实在法,并体现逻各斯的理性原则。②

公元前5世纪后半叶,一股强劲的以"人"为价值中心的新思潮兴起于以雅典为主的各邦。它是由一批自称为"智者"的职业教师发起的,其最大的成果是在人类思想史上第一次认识到了人作为文明创造主体的伟大力量。在这

---

① 潘德勇:《国际法方法的源流与发展》,《重庆理工大学学报(社会科学)》2010年第8期。

② 参见占茂华:《自然法观念在古希腊的产生与发展》,《外国法制史研究》2019年第1期。

股思潮中,智者们对一些具有绝对价值的权威提出了质疑。这无疑标志着人类自我意识的觉醒,也标志着西方文化史上的第一次启蒙运动。早期的自然哲学家把自然法与人法当作外在的自然必然性加以服从,而很少怀疑它们的可靠性和权威性。对此权威进行挑战的是智者学派,他们第一次对理性和正义产生了怀疑,并提出了以人的常识和经验作为衡量万物的标准和尺度。该思想的产生标志着古希腊人从客观法思维向主观法思维的转变,也标志着普遍标准的失落和价值相对主义的抬头。① 这必然会引发一个问题:在社会生活中,是否存在一种由自然所决定的、超越于一切变幻和差异的、永恒不变的法律,或者说,是否存在与逻各斯相一致的客观法则? 换言之,在人类社会中"是否存在任何普遍有效的东西的这个问题"就成为希腊启蒙运动的人类学时期的问题。随着这种探索和争论,自然法的观念得到了进一步的发展。②

首先,是正义(自然)——法律(约定)之争。智者派对法的本源的探讨在自然哲学时期,早期哲学家把自然法和国家法律当作外在的必然性和权威来服从,却很少怀疑它们可靠性的程度或权威性的根据。然而,随着雅典民主繁荣过程中智者派的出现,这一信念发生了动摇。智者们开始对人类一切人事关系及各种制度作深入的反思。通过反思,他们看出,各种社会和人事的东西,如法律等,不是自然而然形成的,也不是按照某种永恒的自然法则存在的,而是一些由人们自己通过思考、选择、讨论所决定和设定的东西,是某种"人为"的或由参与者共同"约定"的东西,例如,人们的社会制度、风俗习惯、道德见解到处不同,这是人们清楚知道的事。③ 他们认为,没有什么共同的永恒的自然规律。智者们否认客观真理的存在,认为真理是人凭自己的感觉所发现

---

① 参见占茂华:《自然法观念在古希腊的产生与发展》,《外国法制史研究》2019年第1期。
② 参见占茂华:《自然法观念在古希腊的产生与发展》,《外国法制史研究》2019年第1期。
③ 参见占茂华:《自然法观念在古希腊的产生与发展》,《外国法制史研究》2019年第1期。

的东西,因此是相对的。①

其次,是苏格拉底的天赋自然法观。苏格拉底继承了智者派的人文主义方向,但与智者派从人的自然本性角度探讨自然法不同的是,苏格拉底从人的道德本性的角度来探讨自然法,并首创了天赋的自然法观。他一方面主张客观真理,但反对向客观自然世界寻求真理;另一方面又力图超越智者派的主观主义与相对主义。其口号为:"深入内心,认识自我,客观真理即自然法则居于胸中,灵魂给人道德标准,即便外在权威已动摇,人保持这个标准不变。"②

再次,是柏拉图的理念自然法观。柏拉图和他的老师一样坚持真理的客观性,但他不同于其老师之处在于他不是在人的心中去发掘客观真理即自然法则,而是比苏格拉底更加深入到理念中去发掘真理。他不信任法律,而是寄希望于在理念中构筑的自然法。"这种真正的法律、这种真正的正当,存在于理念的领域中,并永远如此。"柏拉图所谓的"理念",是事物的本质(自然本性)和真实性来源,是"客观独立存在的永恒不变的物质实体"。按照他的说法,"当我们给许多个别事物加上相同的名称时,我们就假定有一个理念存在。每个事物都有一个相应的概念,这个概念是独立存在的,它就是产生事物的理念。所有的理念构成一个独立存在的世界,即所谓的理念世界。现实世界只是这个理念世界的摹本或影子,或者说现实世界是从理念世界中派生出来的。"③

复次,是亚里士多德的目的论自然法观。古希腊思想的集大成者亚里士多德最早较为明确地提出了他独特的自然法观——目的论自然法观。亚里士多德强调指出:"人是天生的政治动物。"政治的内涵在古希腊就是指城邦国

---

① 参见占茂华:《自然法观念在古希腊的产生与发展》,《外国法制史研究》2019年第1期。
② 占茂华:《自然法观念在古希腊的产生与发展》,《外国法制史研究》2019年第1期。
③ 占茂华:《自然法观念在古希腊的产生与发展》,《外国法制史研究》2019年第1期。

家,因此,这一命题又被表述为"人类自然是趋向于城邦生活的动物",①即以城邦生活为目的的动物。也就是说,城邦对于人来说是自然的。城邦是人的潜在性的自然展开,是人的自然本性的实现,是人的形式。人属于城邦,否则将无法生存。人所依赖的第一个社会单位是家庭,但家庭并不能提供人生存和生活所需要的一切物品,更不能将人引向道德上的完善。只有城邦这个至善的道德团体才能使人达到最终完善的道德生活状态,因为城邦实际存在的目的就是"优良的生活"。② "优良的生活"(善的生活)的概念也由此成了亚里士多德自然法论的基石。在论述了人的"自然"(本质)的基础上,亚里士多德总结了前人的思想,第一次提出了较为明确的自然法和实证法的定义:"波利斯(城邦国家)的法分为自然的和法律的(实证的),自然的具有普遍的效力,不取决于对于人来说是好是坏;法律的是其内容在起源上具有偶然性,但一旦通过立法确定,便有着确切的内容。"但同他的两位前人一样,他也未给予自然法以更多的表述,而是关注正义的命运。在他那里,"政治学上的善就是'正义',正义以公共利益为依归","正义包含两个因素——事物和应该接受事物的人",即"以人们对于构成城邦各要素的贡献的大小为依据"来平等地分配政治权利。③ 在伦理学中,亚里士多德详细地阐述了他的正义观。他将正义分为两类,即分配的正义和矫正的正义。分配的正义强调各取所值,即按照各自的价值进行分配。矫正的正义强调的是均等,遵循的是一视同仁。因此,亚里士多德对正义(自然法)的论述,从本质上来说,是局限于城邦范围的。④ 他所谓自然法中的"自然",并非人们通常所理解的客观自然,而是被他用奴隶主阶级的三棱镜折射出来的"人的自然"。其中所谓的"人"也非一切有生命的自然人,而是极少数具有社会性的、城邦群体中的人——公民。"城

---

① [古希腊]亚里士多德:《政治学》,吴寿彭译,商务印书馆1965年版,第7页。
② [古希腊]亚里士多德:《政治学》,吴寿彭译,商务印书馆1965年版,第8页。
③ 参见占茂华:《自然法观念在古希腊的产生与发展》,《外国法制史研究》2019年第1期。
④ 参见占茂华:《自然法观念在古希腊的产生与发展》,《外国法制史研究》2019年第1期。

邦内的公民是自由而平等的,这也就意味着其他一切人,包括奴隶、农民、工匠和商人等都被排除在公民范围之外。真正使个人从对城邦的依附关系中解脱出来,并赋予一切人以同等价值的理论工作则是由希腊化时期的斯多葛学派来完成的。"①

亚里士多德之后,希腊进入了另一个发展阶段,即希腊化时期。于是,一种新的世界主义观念和平等观念开始在斯多葛学派哲学家思想中成长起来,以芝诺为代表的斯多葛派学者对自然法作了普遍化、理论化的发展。至此,一种具有普遍意义的自然法观念也最终得以形成。学者萨拜因教授对这一变化曾作过精辟的阐述。他强调:"城邦的解体迫使人们不得不学会过单独的生活,不得不学会以一种新的社会联合体的形式生活在一起,而政治和伦理哲学也不得不用城邦所提供的用语之外的术语来重新解释社会关系。"②

斯多葛学派的自然法观念正是适应上述变化而产生的。在斯多葛学派看来,既然理性贯穿于一切事物之中,是人类行为的最高准则,那么人们就应当"按照自然而生活"。所谓"按照自然而生活",就是按照理性,也即按照宇宙的自然法则生活,过诚实的、道德高尚的生活。这样,神、宇宙(自然)及其普遍理性,与人的本性、善和美德是一体的、同构的。换言之,对斯多葛学派来说,自然规律和道德规律是统一的:在两者之中都出现了理性,这种理性既主宰着自然,又指导着人类的行为。可见,从本质上来说,"按照自然而生活"就是独立而平等地过着私人伦理的生活。斯多葛学派的自然法观念反映了他们顺应自然,随遇而安的道德至上主义,并以此求得心灵(精神)上的宁静与和谐。在斯多葛学派这里,我们看到了西方自然法和政治思想的转向。③ 在斯多葛学派之前强调的是对国家政治生活和积极的政治参与的价值,而现在强调的是远离政治,过着独立而平等的私人生活所具

---

① 占茂华:《自然法观念在古希腊的产生与发展》,《外国法制史研究》2019 年第 1 期。
② 占茂华:《自然法观念在古希腊的产生与发展》,《外国法制史研究》2019 年第 1 期。
③ 参见占茂华:《自然法观念在古希腊的产生与发展》,《外国法制史研究》2019 年第 1 期。

有的伦理意义:"它较少地关注社会和政治制度的完善以及公民的生活,而更多地关心个人的行为以及追求个人身体的健康和无痛苦以及灵魂的纯净和无纷扰。"①

斯多葛派自然法中这种世界国家和世界法律的主张显然内含着为建立新的世界帝国作政治辩护的意蕴,但就其观念本身而言,它又有着如下几个方面的重要意义:"首先,斯多葛学派自然法对扩大人们的交往范围,建立超越狭隘城邦范围的更广大的政治共同体,起到了一定的推动作用。其次,斯多葛学派自然法奠定了人的自由、平等的基础。斯多葛学派第一次论证了人的普遍平等和个人的精神自由和尊严的思想。再次,斯多葛学派自然法观念的兴起对西方法治社会的形成也起了推动作用。斯多葛学派将自然法与实在法区别开来。作为体现正义的自然法,一方面为人们反思与批判现存的法律、习惯等规范提供了实际的可能;另一方面又为消除现存规范中存在的弊端和促进规范的合理化提供了理论支持,同时还为防止政府滥用权力和推动法治建设提供了精神动力。最后,斯多葛学派的自然法观念为法律的至上性奠定了基础。斯多葛学派思想家们将自然法看作源于自然的最高理性。自然法就是人们通过理性发现的世界法则。这种世界法则既是任何国家、民族和个人所应当绝对遵从的准则,也是任何人定法制定的基础,具有神圣不可侵犯的属性。因此,植根于世界国家法律之中的人定法也必然具有至高无上的权威。"②

总之,自然法学认为,"人性基本上是善的,人们能够改善他们的道德和物质条件,使社会进步——包括持久和平——成为可能。不良或邪恶的人类行为,如不讲道义和战争,是不适当的或混乱的社会制度(institution)的产物,是领导人之间误解的结果。"因此,自然法学者认为,"不正义、战争和侵略并不是不可避免的,而是能够改善的,甚至可以通过制度改革或集体行动

---

① 占茂华:《自然法观念在古希腊的产生与发展》,《外国法制史研究》2019 年第 1 期。

② 占茂华:《自然法观念在古希腊的产生与发展》,《外国法制史研究》2019 年第 1 期。

予以消除。"①

从自然法学观念来看,国家享有主权,但国家并不是自治行为体。正如自由主义者认为国际体系反映的是发生在很多行为体之间的一种进程一样,他们把国家看作是一种多元舞台,其功能在于维持博弈的基本规则。"这些规则确保各种各样的(政府的和社会的)利益得以在政治博弈中公平而有效地竞争。不存在清晰或一贯的国家利益,而是有很多国家利益。这些利益通常在一种多元的框架中彼此竞争,国家利益会发生改变,国家利益的变迁反映了国家内部,有时候也包括国家外部,彼此竞争的不同集团的利益及其相对权力地位。"②

自然法学者认为,有多种国家利益影响国家行为:"消费者集团渴望以最低的价格获得石油;制造业者由于依赖能源的大规模供应以维持工厂运转,而渴望石油供应的稳定,否则他们就会冒失业的风险;石油生产者,包括国内生产者,渴望石油的高价格,这样他们就可以赚钱并乐于为石油钻探追加投资。国家本身表现出来的并不是对石油的一致看法;它的使命是,确保博弈场地是平的,确保程序规则对于市场中的各种参与者都一视同仁。博弈的实质性结果——哪个集团的利益占主导地位——会依环境的不同而有所改变,与国家没有多少关系。"不存在单一的国家利益:"有时候国家利益在于低廉的消费价格;有时候国家利益在于价格的稳定;还有时候国家利益在于石油的高价格,以便刺激国内生产。对于自然法学者来说,国家为那些具有各种不同自我利益的集团找到共同利益提供舞台。"③综上,可以说,自然法方法就是在人类的普遍良知中寻找法律,且自然法方法通过不同国家间的共同利益定位国际法。

---

① [美]卡伦·明斯特、伊万·阿雷奎恩·托夫特:《国际关系精要》(第七版),潘忠岐译,上海人民出版社 2018 年版,第 81 页。
② [美]卡伦·明斯特、伊万·阿雷奎恩·托夫特:《国际关系精要》(第七版),潘忠岐译,上海人民出版社 2018 年版,第 142 页。
③ [美]卡伦·明斯特、伊万·阿雷奎恩·托夫特:《国际关系精要》(第七版),潘忠岐译,上海人民出版社 2018 年版,第 142 页。

第三章 崇尚规范:实证主义国际法方法

第一节 实证主义国际法方法的诞生背景、人物与论点

法国数学家、哲学家奥古斯特·孔德(Auguste Comt,1798—1857)是现代实证主义的哲学奠基人。他把人类思想的进化划分为三大阶段。根据孔德的分类,"第一个阶段是神学阶段。在这个阶段,人们用超自然的原因和神的干预来解释所有的现象。第二个阶段是形而上学阶段,这个阶段的思想求助于终极的原则和理念;而这种原则和理念被认为是存在于事物表象的背后,而且还被认为是构成了人类进化的真正驱动力。第三,亦即最后的阶段,就是实证的阶段。在这一阶段,人们在自然科学所使用的方法指导下,否弃了哲学、历史学和科学中的一切假设性建构,仅关注经验性的考察和事实的联系。"就他认为实证主义是人类思想发展的最后阶段而言,这个著名的"三阶段论"遭到了反对。然而,它对于描述西方哲学从中世纪早期到 20 世纪初期的发展运动和一般方向来讲,还是颇具意义的。①

---

① 参见[美]E.博登海默:《法理学:法律哲学与法律方法》,邓正来译,中国政法大学出版社 2017 年版,第 126 页。

中世纪对法律的解释,使法律与神的启示和上帝的意志紧密地联系在一起。从文艺复兴到19世纪中左右这段时期,可以说是法律哲学的形而上学时期。古典自然法的理论以及萨维尼、黑格尔和马克思所倡导的法律进化哲学都具有某些形而上学的因素。这些理论都试图用某些在事物的经验表象之下起作用的观念或终极原则来解释法律的性质。无论是自然法哲学家的永恒理性、萨维尼有关型构法律的"民族精神"和"沉默运作的力量"、黑格尔有关把进化的火炬从一个民族传到另一个民族的"世界精神",还是有关共产主义社会"法律消亡"的理论,都是无法从经验世界的角度加以判断和衡量的。从广义上讲,所有的上述理论建构都是"形而上学"的,因为它们超出了事物的物理表现,并且都是以这样一种设定为出发点的,即应当到那些可以直接观察到的事实的背后去探寻无形的力量和终极的原因。① 19世纪中叶出现了一个反对前几个世纪中形成的各种形而上学理论的强大的运动。这个运动可以用一个不甚严谨但却容易理解的术语——实证主义(positivism)来描述。实证主义作为一种科学的态度,它反对先验的思辨,并力图将其自身限定在经验材料的范围之内。它反对玄虚的精神,并把学术工作限制在分析"给定事实"的范围之内。它拒绝越出认知现象的范围,否认理解自然"本质"的可能性。19世纪上半叶自然科学领域取得的巨大成就为实证主义奠定了基础。仔细观察经验事实与感觉材料是自然科学所采用的主要方法之一。因此,人们认为,在社会科学中运用相同的方法也能具有极高的成效和价值。② 20世纪,实证主义呈现出了一种新型的和极端的形式,即所谓的维也纳圈子(Vienna Circle)的逻辑实证主义(the logical positivism)。这个圈子是第一次世界大战后形成的,其核心人物是莫里茨·斯克里克(Moritz Schlick)和鲁道夫·卡尔内普

① 参见[美]E.博登海默:《法理学:法律哲学与法律方法》,邓正来译,中国政法大学出版社2017年版,第127页。

② 参见[美]E.博登海默:《法理学:法律哲学与法律方法》,邓正来译,中国政法大学出版社2017年版,第128页。

(Rudolf Carnap)。这个圈子在英国、美国和斯堪的纳维亚国家有着相当数量的拥护者。这个圈子的成员之所以把逻辑这个表示性质的形容词加在实证主义之前,乃是因为他们希望在其分析工作中运用现代逻辑的发现,尤其是符号逻辑(symbolic logic)的发现。① 虽然这个圈子的早期成员和晚期成员并没有奉行同一种哲学信念,但是对逻辑实证主义来说,他们的一些基本理念和原理则是具有典型意义的。② "第一,它否弃哲学中一切教条的和思辨的主张,并认为只有建立在经过检验和证明了的感觉经验基础上的关于现实(或更准确地说,关于表现为现实的现象)的陈述才是有效的。第二,这一理论的信奉者对从柏拉图到现代的哲学发展采取一种蔑视的态度。第三,逻辑实证主义者认为科学的任务乃是描述和分析现象,而把哲学的任务限定为对观念的逻辑分类,确定并明确陈述和问题的意义是哲学的特有智商。只有逻辑问题才被认为是哲学问题;逻辑表达的建构则被视为是哲学的任务。第四,逻辑实证主义者认为,伦理命令只不过是激动的语词而已,毫无认知价值。由于一种价值或伦理规范的客观效力是不可能通过经验而获得证明的,所以主张它他是没有意义的。根据这种观点,给人们提供应当如何生活的指导并不是伦理学的任务。伦理学的任务充其量只能是解释人们为什么会持有、接受或拒绝某些伦理观念。"③

19世纪下半叶起,实证主义开始渗透到包括法律科学在内的社会学科中。逻辑实证主义者艾尔(Alfred J. Ayer)说,大卫·休谟有关"放火烧书"的著名论断乃是对"实证主义观点的一种极佳的陈述"。休谟是这样说的:"如果我们手上有一本书,例如一本神学的或是经院形而上的书,那

---

① 参见[美]E.博登海默:《法理学:法律哲学与法律方法》,邓正来译,中国政法大学出版社2017年版,第129页。

② 参见[美]E.博登海默:《法理学:法律哲学与法律方法》,邓正来译,中国政法大学出版社2017年版,第129页。

③ 参见[美]E.博登海默:《法理学:法律哲学与法律方法》,邓正来译,中国政法大学出版社2017年版,第129页。

么我们不妨问，它含有任何关于数或量的抽象推理吗？没有。它含有任何关于事实和存在问题的经验推理吗？也没有。那么就将它付之一炬吧，因为它所包含的只是诡辩和幻想而已。"①艾尔补充道，维也纳实证主义者并没有达到这样一种地步，要求把所有的形而上学著作都付之一炬；他们允许其中的一些人可以具有诗人气质或可以对生活表达一种热情洋溢的态度。②

实证主义法学又称分析法学、法律实证主义、分析实证主义法学，分析法学派由奥斯丁在注释法学基础上发展而来。奥斯丁将价值判断从法律的概念中分离出来，认为法理学的研究对象仅仅是"人法"，即由人制定的实际存在的法。凯尔森(Hans Kelsen)的"纯粹法学"也极具实证主义特点，他反对对法律的形而上的解读，专注于对事实与价值之间的规范的研究。凯尔森指出，"法律仅系一强制机制，自身并不负载任何政治或伦理价值"③，法律是一种强制的秩序。

在19世纪的整个过程中，由萨维尼(Friedrich Karl von Savigny)所发展的实证法学方法论，依其理论，法官仅于两个客观的范围，即法律和案件，将其包摄作相互的安排及相互配置，在此法官并不作价值判断。此为一种纯粹的客观认知概念。依据(理性论)的自然法学，实证法律规范可以绝对的法律伦理之原则中得出，并由实证法律规范，可以得出具体的法律判决；而依据(规范论)法律实证论，同样地，具体的法律判决，可以借由立法者所指引之助，而无须借助经验，纯粹以演绎及严格的逻辑推理而得出。④

在实证法学方法论的理论中，法律体系被看做完满且逻辑严密的系谱。

---

① David Hume, *An Enquiry conceming Human Understanding*, *in The English Philosophers from Bacon to Mill*, ed.E.A.Burtt, New York, 1939, p.689.

② See Moritz Schlick, *Positivism and Realism*, in Logical Positivism, p. 86; see also Rudolf Camap, *The Elimination of Metaphysic*, in Logical Positivism, p.68.

③ 凯尔森：《纯粹法理论》，中国法制出版社2008年版，第60页。

④ 参见[德]阿图尔·考夫曼：《法律哲学》，刘幸义译，法律出版社2011年版，第7页。

尤其随着 19 世纪晚近以来,欧洲各国大规模立法的潮流化,大批结构严谨的实证法被创设出来。而作为认识工具的方法论也几乎被形式逻辑的三段论法所垄断。此种以推论的逻辑完整性为核心思维的法学方法论成为法律适用的核心方式。实证主义法学方法论以其体系的自洽性为基础,判决的基础存在于成文法的体系之内,先例的效力属于位于制定法之后,因此,在制定法的体系之内创设一种逻辑严谨、形式合理的裁判方法对于防止法官的恣意,维护法律的确定性具有极其重要的作用。①

然而,社会生活的多变性表明法律体系的完美性仅仅是一种理论层面的幻象。制定法的漏洞不可避免,纯粹的"法条主义"更无法解决法律适用上的矛盾与非理性。对此,实证主义法学方法论的主要应对之策是法解释学理论的应用。马蒂·科斯肯涅米(Martti Koscheniemi)在《国际法理论和原则》中论述了"自然法学派"和"实证主义法学派",科斯肯涅米指出国际法方法论有规范性和具体性之分,规范性包括正义规范性和渊源规范性,具体性则涵盖社会学、政策导向、工具主义和法律工程学等领域。文章最后主张两种方法的相互融合,采取折中主义的办法,结合两种方法论的优势形成的方法论才会使论述国际法的法律依据富有说服力。②

正义的规范性是指要重新回归正义、神的意志或者假设国际社会的需要和价值观或者人类应该享有的权利(如人权),这显然是"自然法"的思想,但是往往较为抽象,无法具体言明人类应该享有的权利的具体含义,而且不同的国家在国际交往时会根据国家的意志和利益决定自身的正义理念、需要和价值观。这显然会造成国际法规则的随意性,一国按照本国的意志和利益实施的行为在他国看来很有可能是违背国际法的。③ 尽管国际社会就国际正义、人类享有的权利有着一定的共识,但是"自然法"的不足之一在于概念的模糊

---

① 参见[德]阿图尔·考夫曼:《法律哲学》,刘幸义译,法律出版社 2011 年版,第 7 页。
② 参见胡玉鸿:《法学方法论导论》,山东人民出版社 2002 年版,第 155 页。
③ 参见胡玉鸿:《法学方法论导论》,山东人民出版社 2002 年版,第 156 页。

性,这很容易造成国际法理论依据的分歧,削弱论据的说服力。而作为补充,科斯肯涅米提出渊源规范性的命题,这是对于正义规范性的补充,根据《国际法院规约》第38条的规定,国际法的渊源包括国际条约、国际习惯和一般法律原则以及其他辅助性法律渊源,国际条约、国际习惯作为主要的国际法渊源,清晰地指出国际法的规范依据,这是正义规范性的具体化和补充。国际条约规定了缔约国应当遵守的国际法规则,具有约束力。① 如科斯肯涅米所言,"国际习惯是国家在交往过程中形成的习惯性实践,而任何时间都必须包含同意的方面——法律确信,法律确信的存在保证具有规范性效力,国际法论据的约束力得到更明确的保证。"然而,科斯肯涅米也指出渊源规范性存在的问题,这让论证更加严密。就具体规范性而言,它凸显了"实用主义法学"对于国际法方法论的影响,如国际法与社会学的结合,运用社会学原则理解国际法的论据,而以政策为导向、工具主义和法律工程学的理解模式扩展了证明国际法依据说服力的途径。②

在文章的最后部分,科斯肯涅米提出了折中主义的观点:"国际法依据的原则方法——一个集中于规范性,一个集中于具体性——都不能胜过另一方。二者需要彼此结合在一起,才能让国际法方法论论证的依据更具有说服力。对二者的关系而言,正义规范性的方法论在实践中会遭遇到困难,分歧的理解和主张只能让国际法体系更加复杂化,渊源规范性弥补了前者的不足,但是就如何解释其约束力上仍然无法自圆其说,具体性则是结合社会发展的客观实际,突出实用主义的作用,将国际法的理论依据与国际社会的现实相结合,为正义规范性和渊源规范性寻求国家实践的支持。理论和实践本身就是相互渗透,单纯地沉浸于理论而不能直面国际社会的现实,或者以本国的褊狭理解固执地执行工具主义,这都不能够充分地建立国际法的方法论。"③

---

① 参见胡玉鸿:《法学方法论导论》,山东人民出版社2002年版,第156页。
② 参见胡玉鸿:《法学方法论导论》,山东人民出版社2002年版,第156页。
③ 胡玉鸿:《法学方法论导论》,山东人民出版社2002年版,第156页。

著名法学家哈特曾对法律实证主义的代表性命题加以归纳:"(1)法是命令;(2)法与道德间并无必然之联结,亦即法是什么与法应该是什么,应分开处理;(3)对法律的分析性研究是值得进行的,但它应与对法概念其他面向的研究,例如历史的研究、社会学的研究、对法的评价等,分开进行;(4)法律体系是一逻辑封闭之体系,法律裁判可以仅运用逻辑工具,不须参考社会目标、政策、道德准则等,直接由已预设之法律规则中演绎得出;(5)对于价值(道德)的问题是无法透过理性论证加以讨论决定的,也就是价值的不可知论。[1]

德沃金则将法律实证主义归结为三个关键性的信条,即:"(1)一个社会的法律就是由该社会直接或间接地、为了决定某些行为将受到公共权力的惩罚或强制的目的而使用的一套特殊规则。这些特殊规则,可以由特定的标准,由与其内容无关但是与制定或形成这些规则的系统或方法有关的检验标准加以区别和检验。(2)这套有效的规则不是面面俱到的。所以,如果这样一条法律不能很明确的处理某人的案子,那么,这一案件就不能依靠适用法律来裁决,而必须有某些官员,例如由一名法官行使自己的自由裁量权。(3)说某人负有一项法律义务,就是说,他的情况在一条有效的法律规则的范畴之内,这一规则要求他去做什么或者不得做什么。"[2]由此可见,德沃金主要是从规则的角度来诠释法律实证主义的理论核心与研究方法的。

总之,无论法律实证主义内部存在着怎样不同的流派,持这一立场的学者均反对形而上学的思辨方式和寻求法律终极价值的价值分析方法,"它把法律视为一个独立的、自治的系统,致力于维护法律体系内部的逻辑一致性。由于这种研究方法不追究法律规则本身的基础,而径自研究规则与规则之间的

---

[1]　胡玉鸿:《法学方法论导论》,山东人民出版社 2002 年版,第 157 页。

[2]　[美]罗纳德·德沃金:《认真对待权利》,信春鹰、吴玉章译,中国大百科全书出版社 1998 年版,第 34—35 页。

关系,所以又被称作法律教条学者教条论法学。"①在法律实证主义看来,基于国家权力以明文的方式制定的法律,才是正当的法律,并且具有法律上的约束力。这种法律是实证的,因为它将自然法、习惯等逐出了法律的渊源之外。

在此意义上,所谓"实证"包含三个基本含义:第一,对于抽象而言,它是具体实在的;第二,对于绝对客体而言,它是相对主观的;第三,对于保守性而言,它是积极建设性的。因而该种学说所谓的法律系"求之于经验、意志及人为的制定"。② 也就是说,"经验"代表着去抽象的分析,而"意志"则表明它不是纯粹的客体,"制定"则意味着它需要由人来加以建构。凯尔森是实证分析方法的积极倡导者,在他看来法律问题作为一个科学问题,是社会技术问题,并不是一个道德问题。③ 实证分析方法具有方法论上的"纯粹性"、法学科学化的努力,事实与价值的区分的理论特色。有关实证主义方法的批判,首先在于,完全排除价值分析,导致法学研究只有法律的躯干而无法律的实质内容;其次为了证明法律规范的位阶,凯尔森假定了一个"基本规范"的概念,并认为这一基本规范"如同自然法律规范一般",指出:"经由假设有一项具有意义的、亦即无矛盾的规范秩序存在,法学已经超越了纯粹实证论的界限"。最后,"至少是为了分析的目的,凯尔森把法律视作一种封闭的东西,就好像法律是在一个封闭且密封的容器中一般。"④

---

① 郑戈:《韦伯论西方法律的独特性》,载李猛编:《思想与社会》第一辑,上海人民出版社2001 年版,第 51 页。

② [日]尾朝高雄等:《法哲学讲座》第四卷,转引自戴东雄:《从法实证主义之观点论中国法学思想》,自印本,1980 年版,第 10 页。

③ 参见[奥]凯尔森:《法与国家的一般理论》,沈宗灵译,中国大百科全书出版社 1996 年版,第 5—6 页。

④ [美]E.博登海默:《法理学:法律哲学和法律方法》,邓正来译,中国政法大学出版社1999 年版,第 125 页。

第二节 实证主义国际法方法的
适用与案例

第二次世界大战后,分析法学派代表人物哈特的学术见地立基于逻辑实证主义哲学、分析主义法学、规范主义法学之上。他提出"最低限度自然法"的观点,即法律和道德之间存在着关联,但是,这种关联是偶然的、因果的,而非必然的、逻辑的。哈特认为奥斯丁的"命令说"是一种失败的观点,因为命令、威胁等观念无法产生规则观念,无法解释法律。因此,哈特认为,"法律是义务规则和授权规则的结合,同时用承认规则解决义务规则的模糊性,唯有如此法律才能存在。"哈特从法律制度参与者的内部视角,站在权威机构确定规则的方式上而非从规则的道德内容上说明规则之所以为法律的标准,再次表明自己的实证主义立场。①

"如果说自然法具有强烈的自由主义色彩,那么实在法则具有强烈的现实主义色彩。实在法学派认为,国际法是国家所同意受拘束的实在法规则的总和,未经国家同意的任何规则都不能称为法律。实在法学者将国际法的基础和根据归为国家的实践和意志,体现在条约、自愿义务、习惯和历史中。主权、意志以及同意学说是实在法学派的主要特征,以区别于理性、正义等自然法主张。到 19 世纪,实在法开始超过自然法,成为国际法的理论主导。以欧洲为中心的国际公约和国际法机构的出现,进一步深化了这一学派的发展。"②20 世纪初,国际常设法院"荷花号案"的经典判决将实在主义和意志主义相结合,该判决认为约束国家的法律源于其在公约中表达的自主意志以及明确的法律原则和被普遍接受的习惯。实在法学派占据主导地位是历史的必

---

① 参见武静:《论马克思主义法学方法论》,《广西社会科学》2014 年第 2 期。
② 潘德勇:《国际法方法的源流与发展》,《重庆理工大学学报(社会科学)》2010 年第 8 期。

然选择,其深深根源于国际交往的现实需要。① "同自然法相比,国际习惯和国际条约具有确定性和稳定性的特点,这对于追求确定的、可预期的行为后果的国家来说,能够为其提供明确的、可预见的行为规范。"

在方法论上,实在法学派反对形而上学的思辨方式和寻求法律终极价值的自然法分析方法,而是把法律视为一个独立的、自足的体系。实在法很少追问法律规则本身的基础,而注重研究规则间的关系。在实在法学者看来,"国家立法机关以法律程序制定的法律,才是正当的法律,并且具有法律上的约束力。"在分析方法上,实在法采取实证分析的方法,与自然法对自然理性、道德正义的追求有明显不同。实证主义将法律因素和非法律因素,例如自然理性、道德原则和政治形态严格区分。② 例如,凯尔森主张纯粹法是实在法理论,其之所以被称为纯粹法学,因为它描述的是法律本身,并努力将任何不是严格意义上的法的因素剔除,其任务是将法律科学从外在因素中解放出来。在对国际法规范和体系具体论证时,实在法学派侧重于"归纳"的方法。施瓦曾伯格教授通过考察条约、国际习惯、一般法律原则三种国际法渊源在国际法院、国内法院、个别成员国以及国际法学者中的采纳,在证据获得以及国际法规范的理解方面充分论证了归纳方法的采用。③

尽管在方法上得到广泛认可,但从 20 世纪 60、70 年代开始,实在法的地位开始遭遇挑战。"西方学者开始对实在法所称道的确定性和稳定性的规范价值进行广泛批评,并由此产生一系列新的学派。批评集中在实在法无法克服'法律形式主义'的局限,因为其在方法上倾向于静止、孤立地看待法律。尽管批判极为严厉,但实在法学派在国际法领域的主导地位未曾动摇过。这一

---

① 参见潘德勇:《国际法方法的源流与发展》,《重庆理工大学学报(社会科学)》2010 年第 8 期。

② 参见潘德勇:《国际法方法的源流与发展》,《重庆理工大学学报(社会科学)》2010 年第 8 期。

③ 参见潘德勇:《国际法方法的源流与发展》,《重庆理工大学学报(社会科学)》2010 年第 8 期。

方面是由于对实在法的批判无力推翻实在法学派赖以建立的基础——广泛的国际法规则；另一方面，基于批判实在法而产生的各学派反过来对改革实在法发挥了重大作用，从而使实在法抛弃或减弱了传统的严格形式主义色彩，转向现代的、更实用、更务实的做法。"①有学者指出："实在法仍能适应现代国际事务的发展，即便有时会以牺牲传统理论的完美为代价，即确定性和严格性。"②

1927年9月7日，海牙的国际常设法院对"荷花"号（S.S.Lotus）船舶作出判决。作为国际常设法院审理的第一个案件，其中需要作出裁决的问题是一般国际法的问题对所涉及的问题进行透彻的分析和评论。这一案件是1926年8月2日在公海上发生的一起碰撞事件的结果，当时法国船只"荷花"号（S.S.Lotus）和土耳其船只"博兹-库尔特"号（Boz-Kourt）相撞。被切成两半的"博兹-库尔特"号沉没，船上8名土耳其人丧生。第二天"荷花"号到达君士坦丁堡。两天后，撞船时的大副、法国海军中尉（Lieutenant M.Demons）被要求上岸提供证据，这最终导致他在没有事先通知法国总领事的情况下被逮捕。海军中尉被土耳其政府指控过失杀人，"博兹-库尔特"号的船长是土耳其人，也因同样的指控被捕。③ 该案件由伊斯坦布尔刑事法庭审理，驳回了海军中尉提出的法院没有管辖权的异议。法国随后多次提出外交交涉。法国坚持认为，根据国际法，土耳其法院没有管辖权。

1926年9月2日，土耳其共和国政府宣布"不反对将管辖权冲突提交海牙国际常设法院"。法国的政府同意这项建议，两国政府任命代表根据《常设法院规约》第40条起草了一项特别协定，以便向法院提出某些问题。这项特别协议是法国和土耳其代表于1926年10月12日在日内瓦签署的。根据该法院的规定，向法院提出了下列问题④："（1）土耳其是否违反1923年7月24

---

① 潘德勇：《国际法方法的源流与发展》，《重庆理工大学学报（社会科学）》2010年第8期。

② 潘德勇：《国际法方法的源流与发展》，《重庆理工大学学报（社会科学）》2010年第8期。

③ See George Wendell Berge, "The Case of the S.S.Lotus", *Michigan Law Review*, 1928, Vol. 26, No.4, pp.361-382.

④ See George Wendell Berge, "The Case of the S.S.Lotus", *Michigan Law Review*, 1928, Vol. 26, No.4, pp.361-382.

日《洛桑公约》第 15 条关于居住、商业和管辖权的规定,其行为与国际法的原则相冲突——如果是这样,是什么原则——在发生于 1926 年 8 月 2 日的碰撞之后,在法国'荷花'号轮船和土耳其'博兹-库尔特'号轮船之间的公海上,以及在法国'荷花'号轮船抵达君士坦丁堡的公海上,以及在法国'荷花'号轮船抵达君士坦丁堡时,以及根据土耳其法律对法国'荷花'号轮船上的值班军官 M.Demons 中尉进行联合刑事诉讼,因为'博兹-库尔特'号轮船的损失涉及 8 名土耳其水手和乘客的死亡。(2)如果答复是肯定的,根据国际法原则,在类似的情况下也应作出赔偿,那么应向 M.Demons 提供什么赔偿呢?"在这一点上,应注意 1923 年 7 月 24 日《洛桑公约》中关于居住、商业和管辖权条件的某些规定以及和平条约。《洛桑公约》有一个序言,其中缔约国声明,除其他事项外,它们"希望根据现代国际法规定其他缔约国国民可在土耳其定居和土耳其国民可在这些国家领土定居的条件,以及与管辖权有关的某些问题"。在主案中最重要的第 15 条,也就是上述特别协定中所提到的一条规定:"除第 16 条的规定外,土耳其与其他缔约国之间的所有管辖权问题,均应按照国际法原则加以决定。"第 17 条也是相关的:"土耳其政府宣布,土耳其法院将按照国际法和其他国家普遍采用的原则和方法,对在土耳其的外国人在人身和财产方面提供保护。"由于土耳其刑法第 6 条主要在双方的论点中占有重要地位,这里应该指出:"除第 4 条所述的案件外,任何外国人在国外犯下损害土耳其或土耳其人的罪行,土耳其法律规定对这种罪行判处至少一年以上丧失自由的刑罚,只要他在土耳其被捕,应根据土耳其刑法予以处罚。但应减少三分之一的刑罚,并以二十年徒刑代替死刑。然而,在这种情况下,只有在司法部部长提出要求或受害方提出控诉时才会提出起诉。"①

此外,由于土耳其当时不是国际联盟的成员,也没有签署规约,必须向书

---

① George Wendell Berge,"The Case of the S.S.Lotus",*Michigan Law Review*,1928,Vol.26,No.4,pp.361—382.

记官处提交一份声明,接受国际法院对"荷花"号的管辖权。听证会开始时宣读了这份声明。为了充分理解这一判决,对对立的论点作一个简短的概述似乎是可取的。首先,我们注意到法国的主张:"(1)《洛桑公约》中使用的"国际法原则"一词应根据《洛桑公约》的演变加以解释。土耳其在筹备工作期间提出了一项条款,寻求将其管辖权扩大到在第三国领土上犯下的罪行。这项修正案被断然否决了,法国据此推断"海军中尉"的指控违反了公约各方的意图。(2)除明示或默示协议外,国际法不允许一国将其法院的刑事管辖权扩大到在其领土以外对其公民犯下的罪行。(3)商船在公海上所犯的罪行只由该船只悬挂其国旗的国家管辖。有一些特殊的原因使这条规则应适用于碰撞案件,这些原因主要与这样一个事实有关,即必须纯粹从国家船舶规则的立场来考虑该行为的有罪性质,而该规则的执行必须由国家当局控制。(4)为了在沉没的船舶所属国的法院确立管辖权,碰撞不能局限于沉没的船舶,这种主张与事实相反。如果说有什么过错的话,那就是在海军中尉所在的'荷花'号上犯下的。土耳其法院不能行使域外的管辖权,如在'荷花'号案中所主张的那样,除非他们能在国际法中指出行使管辖权的理由。作为土耳其人起诉依据的《土耳其刑法》第6条违反了国际法。"①

土耳其则要求国际法院作出有利于土耳其法院管辖权的判决,理由如下:"(1)在没有任何与国际法原则相反的情况下,土耳其有权行使管辖权。如果土耳其在行使其管辖权时被迫援引国际法原则为其辩护,它的管辖权活动将陷于瘫痪。(2)没有国际法原则禁止土耳其对涉及土耳其船只的碰撞案件拥有完全管辖权,如果肇事者在土耳其被捕,土耳其国民将受到伤害。(3)《洛桑公约》第15条所规定的土耳其管辖权范围,应完全参照国际法原则来确定,但仅受第16条的限制。对此没有任何保留意见,因此在导致《洛桑公约》的谈判中所发生的事情是无关紧要的,因为《洛桑公约》本身就足够清楚。

---

① George Wendell Berge,"The Case of the S.S.Lotus",*Michigan Law Review*,1928,Vol.26,No.4,pp.361-382.

(4)土耳其刑法第 6 条完全照搬意大利刑法,并不违反国际法原则。其他国家也有类似的法典规定。(5)公海上的船只是悬挂其国旗的国家领土的一部分,在主要情况下,该罪行发生在土耳其船只 Boz-Kourt 上,并受到影响。(6)这次碰撞涉及相关罪行,《刑事诉讼法》——借用自法国——规定法国军官应与土耳其军官一起被起诉;这种立法几乎为世界各国的学说和实践所肯定。"1927 年 9 月 7 日,法院宣布其决定。国际常设法院的判决是土耳其的行为没有违反国际法,土耳其的判决仍然有效。持不同意见的法官有洛德、韦斯、芬利勋爵、尼霍姆和阿尔塔米拉。

在这个案件中,我们将考虑几个问题:"(1)土耳其应根据国际法证明其管辖权是正当的,还是法国已证明土耳其违反国际法呢? 换句话说,谁应该承担举证的责任呢?(2)假定证明土耳其违反了国际法的责任应该由法国来承担,那么土耳其对海军中尉的管辖权是否就是一种违反呢?(3)假定土耳其有正当的管辖权,常设国际法院是否应审查土耳其行使管辖权的方式?(4)如果常设国际法院应该审查土耳其行使管辖权的方式,并假定土耳其的主张是根据其刑法第 6 条提出的,那么第 6 条是否违反国际法?"这些问题都需要通过寻找相关国际法依据来回答。

国际法"不是完美的,它不是完整的,它仍在制定中,但它的基本原则正日益以更明确的形式出现"。几乎所有的案文编写者都以这样一种方式来定义国际法,即国际法是一套不断发展的规则和原则,规定了各国的权利和义务协议或批准同意。现代权威对国家权利的列举并不求助于国际法。相反,他们应该亲自去那些国家,看看什么被批准为国际法。国际法的主要来源是国家同意,明示的或默示的。国际法律规则的空隙被国家自由裁量权所占据。我们必须接受国际法的现状,而不是乌托邦世界秩序中可能出现的情况。将这些概念应用于主要案件,对举证责任的怀疑就可以消除。在没有国际法的情况下,土耳其可以对海军中尉行使管辖权。只要不被禁止,它起诉的权利不需要得到国际法的特别认可。接下来,我们直接询问第二个问题,看看国际法是否确实阻止土耳其合法起诉 Demons 中尉。仅仅断言各国几乎普遍接受管辖权的"领土理论"并不能解决我们的问题。一个国家可以惩罚那些在其境内犯罪的人,这是毫无疑问的。同样清楚的是,一个国家可以因其国民在国外犯下的犯罪行为而惩罚其国民,但是,当外国人在本国境内被逮捕时,他们在国外的行为会受到多大程度的惩罚,这是有很大争议的。很明显,在某种程度上每个国家或多或少都要求有这种管辖权这似乎证明不存在任何普遍承认的因被告的国籍而附带的管辖豁免。事实上,法国根据自己的法典,一般地和无限期地规定有权惩罚在法国境外犯有危害法国"安全"罪行的外国人。因此,任何关于领土理论(或多或少是国际法的基本原则)的一般性陈述都是不正确的,该理论可以防止对外国人在域外的行为在某一领土内进行起诉。在"荷花"号案中,事实情况的特点是,两艘悬挂不同旗帜的船只在公海上发生碰撞,其中一艘船上的人被控犯有该罪行,而受害者则在另一艘船上。毫无疑问,受土耳其管辖的土耳其船只受到了影响。因此,受害者的国籍不是土耳其管辖权的唯一理由,甚至不是主要理由。如果一名土耳其人在法国被一名法国人杀死,而后者随后在土耳其被捕,那么情况就不一样了。在这种情况下,受害者的国籍将是管辖权的唯一标准。因此,我们得出的结论是,常设国际法院有理由裁定,没有任何国际法规则禁止土耳其行使管辖权。然而,国际惯例并不是那么具有决定性。除土耳其共和国外,意大利、墨西哥、阿根廷、巴西、乌拉圭、挪威、瑞典和奥地利都主张扩大对外国人在国外犯罪的管辖权。

最后,关于"荷花"号案的判决,有几个事实值得注意:首先,法院认可一个国家在其本国领土内就管辖权问题享有主权的原则。其次,法院拒绝审议它认为属于国内法的问题,即起诉是否适当地以《土耳其刑法》第6条为依据的问题,以及是否可以在土耳其船上将杀人罪定为地方化的问题。总之,"荷花"号案的判决成为提高国际法院在国际社会中地位的关键一案。国际法院不仅在国际事务的发展中起着定分止争的作用,更是在案件的处理中发挥着重要的国际法造法作用,推动了国际法的发展与进步。

第四章 反观现实:权力博弈视角下的国际法

第一节 权力与国际法的关系

相较于权力而言,国际法则显得更具有一致性。在许多方面,国际法通过隔离权力将自己界定为一门学科。况且,权力是其他学科,例如国际关系、国际政治要研究的问题。显而易见,国际法与权力有很大的关系,但国际法中权力的性质仍未被理论化。一般而言,权力可以代表国际法的表现、规则;权力被定义为国家支配利益。因此,国际法层面的权力分析并非同一行使的,部分进行的,甚至是扭曲的。人们可以把国际法中的其他现行办法视为截然相反的替代办法的例子。注重道德和规范层面本身的方法是以权力增值为代价,高估了国际公法作为规范体系的价值。在这种方法中,国家间一级的权力是以不同的方式表达的,既没有被忽视,也没有被简化为一个统一的概念,国家地位和国家主权都是国际法理论家关注的核心。①

虽然在有组织的社会的历史上,法律作为人际关系的调节器一直发挥着巨大的和决定性的作用,但在任何这样的社会中,仅仅依凭法律这一社会控制

---

① 参见[美]E.博登海默:《法理学:法律哲学与法律方法》,邓正来译,中国政法大学出版社 2017 年版,第 371 页。

力量显然是不够的。"实际上,还存在一些能够指导或引导人们行为的其他工具,这些工具是在实现社会目标的过程中用以补充或部分替代法律手段的。这些工具包括权力、行政、道德和习惯。毋庸置疑,人们在上述四种控制工具之间所作的分析性界分,并不总是很精确的。权力在一定程度上与行政重叠,而道德有时又与习惯融为一体。同时需要指出的是,要将法律同上述四种控制工具从概念上分割开来,亦并非总是易事。当我们考虑权力与法律之间的关系时,那种困难就会变得尤为凸显。"①

有关权力(power)这一概念,人们尚未达成统一的认识。伯兰特·拉赛尔(Bertrand Russell)说:"权力可以被定义为意图结果的生产。"②哈罗德·拉斯韦尔(Harold Lasswell)和亚伯拉罕·卡普兰(Abraham Kaplan)宣称:"权力乃是参与决策。"③马克斯·韦伯(Max Weber)则认为,权力乃是"这样一种可能性,即处于某种社会关系内的一个行动者能够不顾抵制而实现其个人意志的可能性,而不论这一可能性所体赖的基础是什么"。④

当我们根据马克斯·韦伯的权力观念来看法律时,便会出现一个问题。诚然,强制性和禁止性的律令应当被适用于社会上那些不服从和抵制法律的人,然而我们却不能因此说,消除法律调整对象所作出的抵制便是法律控制的特征。一个切实可行并有效的法律制度必须以民众的广泛接受为基础,而相当数量的不满和反对现象的存在所反映的则是法律的一种病态。另外,"当人们对掌权者的抵制来自有关设定掌权者之权限的法律规范时,权力与法律之间就会表现出某种对立"。⑤

---

① [美]E.博登海默:《法理学:法律哲学与法律方法》,邓正来译,中国政法大学出版社2017年版,第371页。

② George Orwell,Peter Stone,*Power:A New Social Analysis*,New York,1938,p.35.

③ TR Dye,*Power and Society*,New Haven,1950,p.75.

④ A.M. Henderson Parsons,*The Theory of Social and Economie Orgnizion*,New York,1947,p.152.

⑤ [美]E.博登海默:《法理学:法律哲学与法律方法》,邓正来译,中国政法大学出版社2017年版,第372页。

为了恰当地认识权力与法律间的关系,我们有必要将注意力集中于那种纯粹形式的权力之上。此一意义上的权力旨在实现对人的绝对统治:"一个拥有绝对权力的人试图将其意志毫无拘束地强加于那些为他所控制的人。这种统治形式具有一个显著特征,即它往往是统治者出于一时好恶或为了应急而发布的高压命令,而不是根据被统治者的长远需要而产生的原则性行动。按照这一绝对意义所理解的权力,与法律观念形成了对照。法律的基本作用之一乃是约束和限制权力,而不论这种权力是私人权力还是政府权力。在法律统治的地方,权力的自由行使受到了规则的阻碍,这些规则迫使掌权者按一定的行为方式行事。"①

当然,一国的宪法或一般性法律完全可能将一种绝对权力授予某政府机构。例如,当法律授予秘密警察局的警官们以用任何方式对付侵损国家安全的嫌疑犯时,情形就是如此。然而,如果那种情形发生,那么法律便认可了一个不具有法律标准与限制的无限自由裁量权的领域。美国联邦最高法院明智地承认,"那些无法适用规范标准来裁判的行动,所呈现的是法律管辖领域以外的不受法院裁判的政治问题(political doctrine)。"②

在社会生活的现实中,权力与法律都极少以纯粹的形式出现。如果出现一种完全不受规范限制的社会权力,那么这往往是一种暂时的现象,它表明政府正处于一种极度危机或严重瘫痪的状况。当这一意外情形发生时,那也极少会出现完全专制的统治。从另一方面来看,法律通常也不会渗透于人类活动的一切方面并对之进行调整。"在权力和自由裁量权方面,始终会存在一些法律所不能或只能部分渗透于其间的开放领域。一个政治国家的典型事态,既非以无限权力的统治为特点,亦非以严格的规范控制为特点。"③

---

① [美]E.博登海默:《法理学:法律哲学与法律方法》,邓正来译,中国政法大学出版社2017年版,第373页。
② Coleman v.Miller,307 U.S.43,1938,at 454-455.
③ [美]E.博登海默:《法理学:法律哲学与法律方法》,邓正来译,中国政法大学出版社2017年版,第374页。

一种社会秩序的典型情形,表现为权力与法律的相互渗透。历史上,在一些国家中,公民之间的私人关系极少为法律所调整,而同时政府的权力即使受到约束也是微乎其微的。腓特烈(Frederick)大帝的普鲁士、拿破仑的法国、查士丁尼的拜占庭帝国均可为这方面的例子。罗马的早期法律不干预家庭内政,并赋予男性家长以对其妻子、孩子和奴隶的极大的自由裁量权。在 19 世纪的美国,雇主在雇用和解雇其雇员、确定雇员工资等级以及调整他们工作条件等方面的权力也极少受到限制。当今世界,例如,美国总统在处理其国家外交事务方面则享有着很大的自由裁量权。[1]

另外,还有些例子可以说明权力与法律之间的互动关系。例如,权力侵入司法的情况就可能会在法律实施的领域中发生。"在古罗马,富有的公民有时可以从官员处买到好处或得到有关公民义务方面的豁免,而罗马帝国时期的土地所有者则经常诉诸中央行政机关来抵制法律的实施。类似的情况在现代文明国家中亦非罕见。"[2]在刑法和税法领域中,强制执行法律的活动有时得让步于社会上有影响的人物,而书本上的法律并不总是与行动中实践的法律相一致。甚至在执意主张用法治进行管理的社会中,也还是存在着权力失控的飞地(enclave of ill-controlled power)。

我们很难否认这样一个事实,即权力意志(the will to power)[3]不论在个人生活还是在社会生活中经常都是一种强大的驱动力。在个人生活中,权力意志具有多种表现方式,这取决于有关个人的特有品质;它可能着力于获得政治和社会影响,获得金钱和财富,或征服女性。在社会生活中,群体间、阶级间及国家间为权力和支配权所进行的斗争,乃是历史舞台上许许多多具有决定性

---

[1]　参见[美]E.博登海默:《法理学:法律哲学与法律方法》,邓正来译,中国政法大学出版社 2017 年版,第 374 页。

[2]　[美]E.博登海默:《法理学:法律哲学与法律方法》,邓正来译,中国政法大学出版社 2017 年版,第 374 页。

[3]　See Nietzsche, *Genealogy of Morals*, in *Basic Writings of Nietzsche*, ed. W. Kaufmann, New York, 1968, p.512.

事件的根源。在我们这个时代,权力在国际关系中的作用就得到了较为充分的体现。不受制约的政治权力乃是世界上最具动力的、最肆无忌惮的力量之一,而且滥用这种权力的危险也是始终存在的。正如德国历史学家弗里德里希·迈内克(Frieric Meinecke)所指出的,"一个被授予权力的人,总是面临着滥用权力的诱惑,面临着逾越正义和道德界线的诱惑。人们可以把它比作附在权力上的一种咒语——它是不可抵抗的。"①

尽管权力在论述政治和其他社会进程时具有重大意义,但是,近来有一种夸大权力在人类事务中所具有的作用的倾向。"有相当数量的人,其中有一些是人类最可贵的公仆,并不是为了获取或扩大权力而是出于其他动机行事的。他们的所作所为可能是出于为公众利益服务,也可能是出于对同胞的负重和困苦的同情。人类历史中许多伟大的宗教领袖和伦理道德家就是如此行事的,而且一些最杰出的政治领导人亦是如此行事的。如果这种人为了能够达到他们的目的而力图获得支配他人的权力,那么获得这种权力对他们来讲也只是次要的目标,即有助于达到更有价值的目的的一种工具性手段。"②

也许更为重要的是,当权力意志在社会上表现出来时,它总是会同一个在重要性和力量上与其相当甚或超过它的组织原则——法律意志(the will to law)——相碰撞并受到这种原则的反击和限制。"权力意志根植于支配他人并使他人受其影响和控制的欲望之中,而法律意志则源于人类反对权力冲动的倾向之中,即要求摆脱他人专断统治的欲望。"法律制度最重要的意义之一,就是它是一种"限制和约束人们的权力意志的一个工具"。至少,在相当多的文明社会里,法律为防止压制性的权力(无论是私人权力还是政府权力)的扩张所作的努力已经取得了一定程度的成功。③

---

① [美]E.博登海默:《法理学——法律哲学与法律方法》,邓正来译,中国政法大学出版社2017年版,第378页。

② Erich Fromm, *Escape from Freedom*, New York, 1941, p.162.

③ 参见[美]E.博登海默:《法理学:法律哲学与法律方法》,邓正来译,中国政法大学出版社2017年版,第379页。

第二节 现实主义国际法方法的人物 与主要观点

现实主义法学是美国法理学发展史上的一次重要思想运动,其影响极其深远,20 世纪以来美国法理学领域中的主要思潮或流派都与现实主义法学密切相关。现实主义法学人物众多、观点纷呈,但其理论大致可分为批判和建构两个部分。现实主义者为反对以兰德尔(Langdell)为代表的法律形式主义提出了法律的不确定性命题,并以此为工具从概念、逻辑与规则等多个方面对形式主义法学大加挞伐。但现实主义法学并非只有批判,没有建构。法律的不确定性命题也只是现实主义法学理论的开端而非终点。在破除法律形式主义神话的同时,现实主义者以预测模式为中心提出了一系列改革法律的主张。[①]

20 世纪以来,西方法学界先后出现了"法律现实主义运动"与"新法律现实主义工程",形成了新传统现实主义法学。相比之下,传统现实主义法学在法律本体论和认识论上有不少创新,新现实主义法学在方法论上多有建树。总体来看,二者具有突出的理论和应用价值。现实主义法学,一般认为是 20世纪以来在美欧出现的以反对 19 世纪开始盛行并日渐僵化机械的以概念法学、分析法学为代表的形式主义法学为核心目标,倡导更多关注法律运行过程、效果和社会实际现象的一种法学思想体系,以新旧法律现实主义运动为主要图景。在此运动基础上形成的新传统现实主义法学,经过近一个世纪的发展,已构建了独树一帜的思想体系和研究风格,对西方法学和社会发展产生了深远的影响。[②] 围绕现实主义法学何时、在哪些国家流行,学界的说

---

① 参见段海风:《新旧现实主义法学的内在价值及借鉴意义辨识》,《社会科学家》2018 年第 8 期。

② 参见段海风:《新旧现实主义法学的内在价值及借鉴意义辨识》,《社会科学家》2018 年第 8 期。

法不尽一致。除了美国 20 世纪以来的现实主义法学,同时期受到关注的还有阿克塞尔·哈格斯特罗姆(Axel Hägerström)、阿尔夫·罗斯(Alf Ross)等人所代表的斯堪的纳维亚法律现实主义,在北欧形成了较大的影响。西方学界认为,还有其他新旧法律现实主义,从一个多世纪前德国的"自由法律运动",到今天热那亚学派代表的意大利现实主义,以及 20 世纪初创立的波兰——俄罗斯法律现实主义。当然,比较而言,仍是美国的现实主义法学更具规模、内涵和持久性,其发起的"法律现实主义运动""新法律现实主义运动",在美欧两大洲的法学界形成了重大影响,直接产生了新传统现实主义法学。①

美国传统现实主义法学主要流行于 20 世纪 20 年代至 50 年代,并直接促成了批判主义、行为主义、功能主义、法律经济学、法律心理学、女权主义法学、法律与社会运动等法学流派的产生和发展。② 因此,得克萨斯大学教授布莱恩·莱特说:"法律现实主义是 20 世纪美国最重要的法理学运动。"就传统现实主义法学的主要人物而言,"大多数人会把杜威、霍姆斯、庞德、霍菲尔德及科尔宾算作这一运动的先驱者而不是正式的成员";在莱特看来,真正意义上"伟大的美国法律现实主义者"包括卢埃林(K.N.Llewellyn)、弗兰克(Jerome Frank)、奥利芬特(Herman Oliphant)、库克(Walter W.Cook)、摩尔(Underhill Moore)、道格拉斯(William O.Douglas)等。

"美国法理学中的现实主义运动,可以说是社会学法学派中的一个激进之翼。它是一种独特的研究方法,亦即那些自称为法律现实主义者所特有的思考法律问题的特殊思考方式。"③现实主义法理学运动最主要的特点或许是

---

① 参见段海风:《新旧现实主义法学的内在价值及借鉴意义辨识》,《社会科学家》2018 年第 8 期。

② 参见段海风:《新旧现实主义法学的内在价值及借鉴意义辨识》,《社会科学家》2018 年第 8 期。

③ [美]E.博登海默:《法理学:法律哲学与法律方法》,邓正来译,中国政法大学出版社2017 年版,第 168 页。

它的代表人物倾向于把法律的规范性因素或规定性成分降到最低的限度。对现实主义的法学家来说,法律只是一组事实而不是一种规则体系,亦即是一种活的制度,而不是一套规范。法律现实主义者认为,法官、律师、警察、监狱官员实际上在法律事务中的所作所为,实质上就是法律本身。①

卡尔·卢埃林(Karl Llewellyn,1893—1962)在其早期的论著中,扮演了一个传统现实主义学说的代言人。他指出:"实体法规则在实际的法律实践过程中所具有的意义远没有人们早先设想的那么重要。""那个所谓的'规则审判案'件的理论,看来在整整一个世纪中,不但是把学究给愚弄了,而且也把法官给愚弄了。"②他提出,法律研究的重点应当从规则的研究转向对司法人员的实际行为特别是法官的行为进行研究。"在我看来,这些司法人员在解决纠纷时的所作所为就是法律本身。"③

然而,卢埃林在1950年却收回了上述那个说法。④ 在他以后的著述中,他更加强调的乃是规范性概括在法律中的重要性;他指出,法律中的规则部分乃是法律制度中"得到极大发展的一个部分",但却不是该制度的全部。⑤ 他在坚持社会学法学的同时,还试图揭示法律科学同其他社会科学之间的关系和联系,并得出结论说,法学家和社会科学家直至那时都未能"在学科边缘的结合部上作出有效的合作努力"。⑥

杰罗米·弗兰克(Jerome Frank,1889—1957)提出了一种颇为激进的法律现实主义观点。弗兰克在其所撰写的一部很有影响的著作《法律和现代精

---

① See Friedrich Kessler, *Theoretic Bases of Law*, University of Chicago Law Review, Vol.98, No. 9, 1941, p.109.

② K.N.Llewellyn, "The Constitution as an Institution", *Columbia Law Review*, Vol.34, No.1, 1934, p.7.

③ K.N.Llewellyn, *The Bramble Bush*, New York, 1930, p.3.

④ See K.N.Llewellyn, *The Bramble Bush*, New York, 1951, pp.8-9.

⑤ See K.N.Llewellyn, "Law and the Social Sciences——Especially Sociology", *American Sociological Review*, Vol.14, No.4, 1949, p.1291.

⑥ K. N. Llewellyn, "Law and the Social Sciences——Especially Sociology", *American Sociological Review*, Vol.14, No.4, 1949, p.1287.

神》(Law and the Modem Mind)中,把美国司法制度描述为一种或多或少被伪装了的东方穆斯林民事法官的审判制度。他论证说:"法律规则并不是美国法官判决的基础,因为司法判决是由情绪、直觉的预感、偏见、脾气以及其他非理性因素决定的。"①因此,人们关于法律规则的知识在预测某个特定法官所作的判决时几乎不能给他们提供什么帮助。"在作出一项特定的判决(裁决、命令或裁定)以前,没有人会知道在审理有关案件或有关特定情形、交易或事件时所适用的法律。"②

根据上述观点,法院的判决是极为不确定的和很难预见的。但是弗兰克说:"人们无须为法律的这种不确定性哀叹;相反,他认为这里面隐含着巨大的社会价值。"③他追问道,"人们为什么要在法律中寻求无法实现的确定性呢?""我们的回答是,因为他们还没有根除那种孩子似的对一个权威性的父亲的需要,并无意识地试图在法律中发现其童年时代认为父亲所具有的稳定性、可靠性、确定性和万无一失性的替代物。"④如果消除了对父亲替代物的欲求,那么他们就会对法律有更加正确的认识。他们会发现,在法院就某一特定问题作出裁决之前,是不存在有关这一问题的法律的。在作出这种判决之前,唯一可获得的法律便是律师关于法院可能如何审判和作出何种判决的推测。"就任何具体情形而论,法律或者是(1)实际的法律(actual law),即关于这一情形的一个已在过去作出的判决;或者是(2)可能的法律(probable law),即对一个未来判决所作的猜测。"⑤罗斯科·庞德认为,这种观点是"对个殊化判决

---

① J.Frank,"Law and the Modern Mind",*Journal of the American Medical Association*,Vol.96,No.15,1930,pp.100-117.

② J.A.Gray,"Are Judges Human?"*African Affairs*,Vol.250,1964,p.250.

③ J.Frank,"Law and the Modern Mind",*Journal of the American Medical Association*,Vol.96,No.15,1930,p.7.

④ J.Frank,"Law and the Modern Mind",*Journal of the American Medical Association*,Vol.96,No.15,1930,p.21.

⑤ J.Frank,"Law and the Modern Mind",*Journal of the American Medical Association*,Vol.96,No.15,1930,p.46.

的狂热的崇拜"。①

弗兰克晋升为联邦上诉法院法官后,开始将其注意力从法律的规则方面转到了研究初审法院的事实调查过程的方面。用他自己的话讲,就是从"对规则的怀疑"(rule skeptic)转向了"对事实的怀疑"(facts keptic)。② 弗兰克宣称,初审法院的事实调查乃是司法中的弱点之所在,亦即阿喀琉斯的脚踵。他带着极大的兴趣对可能会渗入初审法院裁定事实中的无数的错误来源进行了彻底的研究。这些错误来源可能是:"作伪证者、受人指使的证人、有偏见的证人、在陈述所举证的事实时发生误解的证人或回忆其观察时发生误解的证人;有证人失踪或死亡、物证灭失或被毁的情形;有为非作歹和愚蠢的律师、带偏见的和心不在焉的陪审官,也有愚蠢、'固执'或对证词有偏见或漫不经心的初审法官。"③他指出:"所有上述因素中,最为重要的是法官那种不可预测的独特个性,因为它会使任何提出相互冲突证据的诉讼变成一件高度主观的事情。"根据弗兰克的观点,法官(或陪审团)具有"一种实际上不受控制的和实际上无法控制的事实裁决权(fact discretion)"或"最高权力",亦即确定哪个证人的证言是正确的并予以接受的权力。④ 虽然弗兰克为初审法院程序的改善和合理化提出过不少建设性的建议,⑤但他仍然认为,"尽管可以进行这些改革,可是在司法事实调查中永远会存在大量非理性的、偶然性的、推测性的因素,而这些因素的存在,则会使人们根本不可能对诉讼结果作出预见。"⑥

---

① Roscoe Pound,"How Far Are We Attaining a New Measure of Values in Twentieth-Century Juristic Thought",*W.Va.L.Rev.*,Vol.42,No.81,1936,p.89.

② J.Frank,*Courts on Trial*,Princeton,1949,pp.73-74.

③ J.Frank,"Modern and Ancient Legal Pragmatism",*Notre Dame Lawyer*,Vol.207,No.25,1950,p.254.

④ See J.Frank,"Short of Sickness and Death:A Study of Moral Responsibility in Legal Criticism",*New York University Law Review*,Vol.545,No.26,1951,p.584.

⑤ See J.Frank,*Courts on Trial*,1949,pp.98,100,141-145,183-185,224,248-251.

⑥ J.Frank,"Short of Sickness and Death:A Study of Moral Responsibility in Legal Criticism",*New York University Law Review*,Vol.545,No.26,1951,p.630.

由于初级法院的事实调查问题处于弗兰克法学思想的核心位置,所以他对法律规则和先例采取了新的看法。他承认,许多法律规则是确定的和肯定的,而且先例制度也具有相当的价值。他也认识到了法律规则作为判决的一般指导的必要性,并宣称规则中包含重要的政策和道德理想。但是他仍然强调说,在许多情况下,初审法官或陪审员在确定事实的过程中所适用的"隐蔽的、无意识的、私下的、带有个人特性的规范",仍会使客观的法律规范变得无甚效力可言。他说:"由于法官常常严重地破坏先例制度,因此那些规则原本似乎可以提供的一致性和稳定性,也就往往会在实践中变成一种虚幻的想。"①

尽管弗兰克法官对审判程序是否能发现事实真相的可靠性表示怀疑,但他却非常关注法院在调整个别当事人的关系中是否能实现正义的问题。为了能够达到这个目的,弗兰克要求一种"看得见的正义"(unblindfolding of justice)。他要求案件更加个殊化,并希望给所有或绝大部分规则注入大量的司法自由裁量权的因素,使这些规则尽可能地具有灵活性。他指出:"每一项法律纠纷都是独特的和单一的,因此,法官不应过分地受僵化的一般概念和抽象原则的束缚。"②

弗兰克法官把注意力主要集中在有关法院审判和其他裁判程序的法律方面。而瑟曼·阿诺德(Thurman Arnold,生于1891年)所关注的却是对法律制度进行社会心理学的分析。③ 这种分析对人之理性的力量充满着根深蒂固的怀疑和不信任。对阿诺德来说,法学理论和法律原则意味着"布道的方法而不是实用建议的方法"。④ 他认为,法理学乃是那个"关于一个由理性支配的

---

① [美]E.博登海默:《法理学:法律哲学与法律方法》,邓正来译,中国政法大学出版社2017年版,第171—172页。
② [美]E.博登海默:《法理学:法律哲学与法律方法》,邓正来译,中国政法大学出版社2017年版,第172—173页。
③ See *The Symbols of Government*, New Haven,1935.
④ *The Symbols of Government*, New Haven,1935,p.21.

世界的光亮无比但却无法实现的梦想"。① 他断言:"在真实的实践过程中,法律是由大量带有感情色彩且互相矛盾的符号和理想组成的。"他认为,"法学家为法院建构一个逻辑天堂的努力,不仅是无用的,而且也不具助益。"在他看来,"法治只有凭靠各不相同且相互冲突的符号和意识形态的协调共存,才能得以更好地维持下去。"伟大的、盛行的、真诚的理想使某个民族大为激动且变得脱离实际之时,也就是司法制度失去其威信和影响之际。"②阿诺德认为,"只有价值怀疑论和价值多元论才能防止产生褊狭且极权的政治统治。"③

斯堪的纳维亚国家的法律现实主义和美国的法律现实主义一样,都反对形而上学的和纯思辨的思想观点,并且都希望把法理学的研究集中在法律生活的"事实"上。然而,这种现实主义对法律过程的看法所具有的某些特征,则表明它是源于欧洲大陆思想脉络的。与美国现实主义的论著相比,斯堪的纳维亚国家的法律现实主义较少强调司法的行为面相(如司法行动的政治驱动力和情感驱动力),也较少强调查证事实方面的种种变化。相反,这种法律现实主义较注重详尽讨论,如法律规范有效的根据和权利义务的性质等问题。④

阿塞尔·哈格斯多罗姆(Axel Hagerstrom)被认为是斯堪的纳维亚国家现代现实主义运动"乌普萨拉法学派"("Uppsala School")的奠基人。他的得意门生,同是瑞典的法学教授维尔赫姆·伦德斯特(Vilhelm Lundstedt)则以一种较为极端的方式发展了他的理论。⑤ 这场运动的其他两位代表性人物是瑞典

---

① *The Symbols of Government*, New Haven, 1935, p.58.

② *The Symbols of Government*, New Haven, 1935, p.247.

③ [美]E.博登海默:《法理学:法律哲学与法律方法》,邓正来译,中国政法大学出版社2017年版,第174页。

④ See Barna Horvath, "Between Legal Realism and Idealism", *Northwestern University Law Review*, Vol.693, No.48, 1954, p.704; see also Wolfgang Friedmann, *Legal Theory*, 5th ed., New York, 1967, pp.304–306.

⑤ See Karl Olivectrona, "The Theories of Axel Hagerstrom and Vilhelm Lundstedt", in *3 Scandinavian Studies in Law*, Stockholm, 1959, p.127.

的卡尔·奥利维克罗纳(Karl Olivecrona)和丹麦的阿尔夫·罗斯(Alf Ross)。①

哈格斯多罗姆对法律的基本概念,特别是对其间的"权利"概念作了批判性的分析。传统的权利观念一直认为,"非物理的力量能使一个人合法地拥有某物或合法地为某种行为。"哈格斯多罗姆的反形而上学的理论则认为,这样一种观念是没有意义的,因为它在物理世界中没有对应物。例如,他指出,所有权在被侵犯并成为诉讼对象以前,是不具经验意义的。即使所有权被侵犯并成了诉讼对象,诉讼当事人对所有权的主张,也只有到他能够证明其资格时才是现实的和实际的。因此,在哈格斯多罗姆看来,离开救济和强制执行措施来谈论权利是毫无意义的。

然而,哈格斯多罗姆却试图为人们认识一种抽象的权利观念提供一种历史的和心理的解释。他试图从历史的角度将这种权利概念追溯到古代法律制度所采用的法律巫术,并从心理学的角度将其追溯到一个认为自己拥有正当且有效主张的人的情感力量。② 奥利维克罗纳接受了这种心理学的视角,并提出了这样一个命题:"与其说是任何具体的或客观的观念,不如说是人之心智所具有的对权利的主观观念或意象,构成了人们认识权利的基础。"③

伦德斯特对传统的法律观念进行了更为尖锐的抨击,并且还把这种抨击扩及其他基本的法律观念,如义务、违法、犯罪、责任等观念。伦德斯特认为,"这些观念只能在'主观意识'中起作用,而且不可能具有任何客观的意义。例如,那种宣称被告的行为违法的说法,只不过是可能判决他赔偿损失这一事

---

① 参见[美]E.博登海默:《法理学:法律哲学与法律方法》,邓正来译,中国政法大学出版社 2017 年版,第 172—173 页。

② See Hagerstrom, *Inquiries into the Nature of Law and Morals*, Stockholm, 1953, p.166.

③ Karl Olivecrona, *Law as Fact*, 2nd ed., London, 1971, pp.184—212.

实的语义遁词而已。"①那种宣布被告违反某种义务的说法,实际上只是一种价值判断,因而也只是一种情感的表示。② 能够归于这些术语的唯一现实意义就是它同国家强制的法律机器具有联系,因为建构这种机器的目的就在于强制执行合同或惩罚罪犯。③ 罗斯也重复强调了这种观点。他宣称,"权利"这个词"根本就没有语义关联",④它只是一种描述技术的工具,而不是某种能够被实体化的东西。⑤

阿尔夫·罗斯特别关注法律的有效性问题。他试图抛弃法律有效性中所有先验的和纯规范性的成分,并把法律有效性完全置于可以观察的现象世界之中。⑥他得出结论说:"如果可以预见法院会在未来的诉讼案中适用某一法律规范,那么这一规范就是有效的。"⑦他的这个观点是以这样一种假设为基础的,即从法理学和逻辑学的高度看,规范是提呈给法院的,而不是呈示给个人的。⑧罗斯坚持认为,"在对未来的司法诉讼进行预测时,对司法态度进行纯粹的行为主义解释是不充分的,人们还必须考虑法官心目中所具有的那些特定的规范观念以及当时盛行的一般法律意识形态。"⑨

试图在法律科学领域彻底清除价值判断的努力,促使斯堪的纳维亚国家的法律现实主义者们开展了一场反对被他们称为"正义方法"(the method of justice)的不屈不挠的斗争。哈格斯多罗姆说:"价值判断只是关于其字面形式的判断。"⑩他宣称,应然的科学是不可能的,因而研究真正的正义原则只是

---

①　A.Vilhelm Lundstedt, *Legal Thinking Revised*, Stockholm, 1956, pp.34–38.

②　See A.Vilhelm Lundstedt, *Legal Thinking Revised*, Stockholm, 1956, p.48.

③　See A.Vilhelm Lundstedt, *Legal Thinking Revised*, Stockholm, 1956, pp.118,120.

④　Alf Ross, *On Law and Justice*, Berkeley, 1959, p.172.

⑤　See Alf Ross, *On Law and Justice*, Berkeley, 1959, pp.178–179.

⑥　See Alf Ross, *Towards a Realistic Jurisprudence*, Copenhagen, 1946, pp.121–131,90–92.

⑦　Alf Ross, *On Law and Justice*, Berkeley, 1959, pp.34,41–50.

⑧　See Alf Ross, *On Law and Justice*, Berkeley, 1959, p.35.

⑨　Alf Ross, *On Law and Justice*, Berkeley, 1959, pp.18,73–74.

⑩　Alex Hagerstrom, *Inquiries into the Nature of Law and Morals*, Stockholm, 1953, p.xi.

一种幻想。斯堪的纳维亚现实主义者们认为,法律并不是为了实现正义的努力,而是由社会集团压力或必然的社会需要造成的。伦德斯特认为,"正义只是法律承受者的一种情感,而这种情感是由习惯和占支配地位的意识形态引起的,即法律秩序是令人满意的。"①"正义感并不能指导法律,相反,正义感是由法律指导的。"②

伦德斯特认为正义的方法是无用的,并提出"社会福利的方法"(the method of social welfare)与之相抗。③ 他坚持认为这种方法摆脱了所有的伦理评价,因为"社会福利这一概念只涉及被人们在一定社会和一定时代认为是有益的安排"。"事实上被评价为某种社会利益的东西,就是对社会有益的。"④罗斯主张,道德和正义问题是人之认知所不及的。他认为,"构成自然法哲学基础的那些有关人性的基本假设完全是专断的,而由此推断出来的道德法律思想因而也是专断的。""自然法的崇高外表长久以来一直被用来保护或争取一切要求,而这些要求明显是由某种特殊生活条件引起的或是由经济上和政治上的阶级利益、当时的文化传统及其偏见与抱负决定的。一言以蔽之,所有这些都被用来制造那种被普遍称之为意识形态的东西。"⑤"无论是人人皆兄弟的观点,还是弱肉强食的观点,都无法在客观上被证明是正确的或错误的。这种是非判断是以主观的、情感的感觉为基础的,而且什么事都可以诉诸正义。"⑥"诉求正义就像拍桌子一样,即一种可以把一个人成绝对的先决条件的情感表示。"⑦实际上,就是它能够提醒法官应当"以正确的和不加歧视的方式适用一般性法律规则"。⑧

---

① A.Vilhelm Lundstedt, *Legal Thinking Revised*, Stockholm, 1956, pp.169-170.

② A.Vilhelm Lundstedt, *Legal Thinking Revised*, Stockholm, 1956, p.203.

③ See A.Vilhelm Lundstedt, *Legal Thinking Revised*, Stockholm, 1956, pp.6,291.

④ A.Vilhelm Lundstedt, *Legal Thinking Revised*, Stockholm, 1956, p.137.

⑤ Alf Ross, *On Law and Justice*, Berkeley, 1959, p.259.

⑥ Alf Ross, *On Law and Justice*, Berkeley, 1959, p.269.

⑦ Alf Ross, *On Law and Justice*, Berkeley, 1959, p.274.

⑧ Alf Ross, *On Law and Justice*, Berkeley, 1959, pp.273-274,280.

罗斯还把批判的矛头指向被他称之为的那种"社会福利的幻想"。他否认人类社会本身具有自身的需要和利益。"所有人类的需要都是通过个人来体验的,因此社会的福利就等于其成员的福利。"他说,"任何宣称具有普遍效力的政治行动的规范性原则,都无法解决需求之间的那种不可避免的差异与利益之间的那种不协调。"①

乌普萨拉法学派的理论也遭到了一些反对。丹麦法律哲学家维丁·克鲁斯(Vinding Kruse,1880—1963)就抨击了这个学派所提倡的现实主义的极端自然主义形式,并呼吁根据经验的方法详尽阐释规范和伦理的法理学。他认为,"在科学基础上发展道德和正义的基本准则是可能的。因此,在社会中共同生活的人不应当相互伤害的原则,可以从人们对其人身和财产遭到时所产生的一般反应中推论出来,因而人们不应当把这一原则看成是一种专断的规范性要求。"②挪威的弗雷德·卡斯伯格(Frede Castberg,生于1893年)也主张:"法理学绝不能放弃探求有关是非问题的答案,因社会中对正义的要求,是植根于我们的精神本能之中的,其程度就如同我们的思想对逻辑关系的诉求一样强烈。"③

第三节　从欧洲中心主义到美国中心主义: 政策定向国际法方法

一、政策定向国际法方法的诞生与发展

政策定向法学派(Policy-oriented Jurisprudence),也称为"纽黑文学派"

---

① Alf Ross, *On Law and Justice*, Berkeley, 1959, pp.295-296.

② F.Vinding Kruse, *The Foundation of Human Thought*, London, 1949, pp.201-206, 232-237, 249-251; Kruse, *The Community of the Future*, New York, 1952, ch.4.

③ [美]E.博登海默:《法理学:法律哲学与法律方法》,邓正来译,中国政法大学出版社1998年版,第168—181页。

(New Haven School),是由美国耶鲁大学法学院国际法教授梅尔斯·麦克杜格尔(Myers S.McDougal)和哈罗德·拉斯韦尔(Harold D.Lasswell)教授共同提倡的一种法理学派,是一套寻找国际法知识和真理(international law-finding)的认识论和方法论。它强调自身不是法律的理论(theory of law),而是关于法律的理论(theory about law)。其理论观点始见于 1935 年拉斯韦尔教授的《世界政治和个人的不安全感》(*World Politics and Personal Insecurity*,1935)。1943 年,耶鲁大学国际法教授麦克杜格尔和芝加哥大学政治学教授拉斯韦尔在《耶鲁法学杂志》上发表了著名的关于法律教育的长篇论文《法律教育与公共政策:公共利益的职业训练》①,在这篇论文中麦克杜格尔确定了其所认为的法学院的正确职能是为更全面地取得民主价值而培养和训练政策抉择者作出贡献。也正是从提出改革法律教育开始,一个全新的颠覆性法学理论的发展进程全面展开,也就是政策定向学说(Policy-oriented Approach)。该学说在质疑传统的法律是规则总和的概念的前提下,认为法律不仅仅是规则,还包括政策决策和一切有关的活动的全过程,并把这一理论运用到国际法,他们认为国际法不仅仅是表现为调整国家关系的国家行为的规则的总和,它必须是包括这些规则在内的国际权威决策的全部过程。② 1950 年,麦克杜格尔和亚拉伯罕·开普兰(Abraham Kaplan)的合著《权力与社会:政治研究的框架》(*Power and Society:A Framework for Political Inquiry*,1950)中再次表达了这一观点。政策定向学说在美国、欧洲、亚洲都有很大的影响,其所创造的一系列独特的研究方法和研究步骤,得到许多国际法学者的青睐。③ 之后,两位教授曾相继发表一系列相关的论文。这些论文经过麦克杜格尔和拉斯韦尔教

① See Harold D. Lasswell & Myres S. McDougal, " Legal Education and Public Policy: Professional Training in the Public Interest", *Yale Law Journal*.1942-1943,p.203.

② 参见刘筱萌:《超越规则:政策定向国际法学说之理念批评》,《暨南学报(哲学社会科学版)》2012 年第 5 期。

③ 参见刘筱萌:《超越规则:政策定向国际法学说之理念批评》,《暨南学报(哲学社会科学版)》2012 年第 5 期。

授在耶鲁法学院多年的教学并整理,历时 30 年终成现今我们看到的最系统完整体现其理论体系的学术著作:《自由社会的法理学:法律、科学与政策》(*Jurisprudence for a Free Society:Studies in Law,Science and Policy*,1992)。

政策定向理论的产生基于一个前提认知,即法律与权力以特定方式相互作用,而非相互割裂,①这一认知转型(paradigm shift)得益于现实主义思潮的扩张以及 20 世纪初叶以降法律现实主义理论在美国法理学界的兴盛。② 如前所述,现实主义国际关系理论认为每个国家在追求各自以权力界定的国家利益的过程中以单一的方式行事——唯一理性政策就是追求权力,③因此,国际关系的核心问题就是如何获取权力,扩展权力以及运用权力,④而国际政治就是一种为争取权力而进行的斗争⑤。至于国际法,在现实主义国际关系学者眼中,是软弱的⑥……甚至在关键问题上,国家是践踏国际法的。⑦ 这是因为国际社会缺乏司法机构、有效的执法机构以及合格的立法机构。⑧ 面对现实主义理论对法律,包括国际法提出严重挑战,部分国际法学者开始对当时显学现实主义国际关系理论进行"适应性"调整,⑨将国际法与国际政

---

① See Anne Marie Burley,"International Law and International Relations Theory:A Dual Agenda",*American Journal of International Law*,Vol.87,1993,p.208.

② 参见白桂梅:《政策定向学说的国际法理论》,载《中国国际法年刊(1990)》,法律出版社 1990 年版,第 202 页。

③ 参见[美]卡伦·明斯特、伊万·阿雷奎恩·托夫特:《国际关系精要》(第七版),潘忠岐译,上海人民出版社 2018 年版,第 74—76 页。

④ 参见王帆、曲博主编:《国际关系理论　思想、范式与命题》,世界知识出版社 2017 年版,第 22 页。

⑤ 参见汉斯摩根索:《国家间政治——权力斗争与和平》,徐昕、郝望、李保平译,北京大学出版社 2012 年版,第 66 页。

⑥ See Kenneth W.Abbott and Duncan Snida,"Hard and Soft Law in International Governance",*International Organization*,Vol.54,No.3,2000,p.422.

⑦ See Robert J.Beck,Anthony Clark Arend and Robert D.Vander Lugt eds.,*International Rules:Approaches from International Law and International Relations*,Oxford University Press,1996,p.96.

⑧ 参见爱德华·卡尔:《20 年危机(1919—1939):国际关系研究导论》,秦亚青译,世界知识出版社 2005 年版,第 158—159 页。

⑨ 参见刘志云:《纽黑文学派:冷战时期国际法学的一次理论创新》,《甘肃政法学院学报》2007 年第 5 期。

治进行调和、将法律认定为政策科学(law as policy-science)。① 其中得到最多拥趸的便是麦克杜格尔、拉斯维尔以及莱斯曼(Myres McDougal, Harold Lasswell and Michael Reisman)作为主要代表人物的政策定向理论。②

麦克杜格尔认为,法律不仅仅是规则的总和,还是社会成员关于由谁、如何以及做出什么政策抉择的期望并能使期望成为现实的权威政策抉择和控制的动态过程。③ 因此,法律规则在具体案件中的每一次运用,实际上都要求作出政策的抉择;现行国际法也是如此,总是不断地根据变化的情势而被解释和再解释,特别是法律概念模糊的情况下。④ 然而,正是这样的灵活变通空间,使得法律被认定为维护某种"基本社会秩序"(minimum public order)的工具。⑤ 甚至科斯肯涅米的担忧亦不无道理:根据政策定向理论的逻辑,法律将沦为强权的奴婢;因为相对死板的"规则"反而限制了权力浸淫的可能性。⑥ 事实上,政策定向理论的创始人莱斯曼也的确撰写了诸多以该理论为美国单

---

① See Anne Marie Burley, "International Law and International Relations Theory: A Dual Agenda", *American Journal of International Law*, Vol.87, 1993, p.214.

② See e.g., Myres S.McDougal, Harold D.Lasswell and W.Michael Reisman, "Theories About International Law: Prologue to a Configurative Jurisprudence", *Virginia Journal of International Law*, No.8, 1968, p.189; McDougal, "Lasswell and Reisman, The World Constitutive Process of Authoritative Decision", *Journal of Legal Education*, No.19, 1967, p.253.

③ 参见白桂梅:《政策定向学说的国际法理论》,载《中国国际法年刊(1990)》,法律出版社1990年版,第208页。

④ 参见麦克杜格尔:《国际法、权力和政策的新概念》,《海牙国际法演讲集》1953年第82卷。

⑤ ...law "is only a means to an end, not an end in itself," legality is identified with progress in "founding and maintaining minimum public order...[and]advancing toward an optimum public order"... See Siegfried Wiessner and Andrew R.Willard, "Policy-Oriented Jurisprudence and Human Rights Abuses in Internal Conflicts: Toward a World Public Order of Human Dignity", *American Journal of International Law*, Vol.93, 1999, p.324.

⑥ ...law becomes "a servile instrument for power(of what works) to realize its objectives(of what should work)"... "any conception of law as fixed 'rules' seems irrelevant to the extent that it is not backed by sanction and counterproductive inasmuch as it limits the choices available to those who have the means to enforce them."... See Martti Koskenniemi, "Carl Schmitt, Hans Morgenthau, and the Image of Law in International Relations", in Michael Byers(ed.), *The Role of Law in International Politics*, Oxford: Oxford University Press, 2000, pp.29-33.

方面使用武力行动辩护的文章,①甚至论证说,在法律实证主义者看来严格非法的行为,政策定向理论可以将其解释为合法,并暗示这种论证尤其适用于美国的外事领域。② 于是,有学者指出,莱斯曼对政策定向理论的演绎使得法律成了"强者所解释的正义",这恰恰颠覆了国际法合法性基础,实则歪曲了法律(bending the law)。③

　　以拉斯韦尔和麦克杜格尔为首的"政策定向学派"是以现实主义理论为基础的,提倡国际法为国际政治决策过程的学说。他们虽然没有否认国际法在国际关系中的作用,在他们的论述中,主要是通过国际法作为决策过程的论点,把国际法和政策相混淆,从而达到抹杀国际法作为法律的性质这一目的。实际上,"政策定向学派"的产生秉承美国现实主义法学思潮影响,其所谓的"政策定向"是以美国政策为定向,使国际法与美国政策相等同,或者说是想使其成为美国政策的工具,而失去作为对一切国家普遍适用的有拘束力的原则、规则和制度的意义。④

---

①　See e.g.,W.Michael Reisman,"Unilateral Actions and the Transformations of the World Constitutive Process:The Special Problem of Humanitarian Intervention",*European Journal of International Law*,Vol.11,No.3,2000,p.11.(为人道主义干预辩护);Reisman,Kosovo's Antinomies,American Journal of International Law,Vol.860,No.93,1999,p.93(为北约轰炸南联盟辩护);Reisman,"Sovereignty and Human Rights in Contemporary International Law",*American Journal of International Law*,Vol.866,No.84,1990,p.866(为美国入侵巴拿马辩护);Reisman,"Coercion and Self - Determination:Construing Charter Article 2(4)",*American Journal of International* Law,Vol.642,No.78,1984,p.642(为美国入侵格林纳达辩护)。

②　"From the perspective of the jurist who is deploying a positivist jurisprudential frame,the decision-maker is acting unilaterally and unlawfully.Using a different and quite possibly more appropriate jurisprudential lens could lead to the opposite conclusion."See W.Michael Reisman,"Unilateral Actions and the Transformations of the World Constitutive Process:The Special Problem of Humanitarian Intervention",*European Journal of International Law*,Vol.11,No.3,2000,p.5.

③　"A more subversive conceptualization of international legality can scarcely be imagined." "…the policy-oriented approach equates law with justice as interpreted by the strong."See Brad Roth,Bending the law,breaking it,or developing it? The United States and the humanitarian use of force in the post- Cold War era,in Michael Byers and George Nolte eds.,*United States Hegemony and the Foundation of International Law*,Cambridge University Press,2003.

④　参见王铁崖:《国际法引论》,北京大学出版社 1998 年版,第 3 页。

拉斯韦尔和麦克道格尔的理论首先诊断既有法理学研究的问题。他们认为,标榜为"法理学派"的许多学说,充其量也只不过是"技术性的法的"理论,它们问题重重或者说缺陷明显,如研究焦点狭隘、研究者立场和目的混乱等等。按照"纽黑文学派"的理论,法律就是一个社会有权者通过不断的选择,进而形成权威的过程。由此推之,所谓国际法,也是一个连续不断的伴随着权威和控制的变化而不断变化的过程,其中,世界社会过程(World Social Process)是国际法存在的重要前提。

这个学说受国际政治学中"强权政治说"的影响,重视权力在国际法中的作用,而避开国际法的性质、渊源、法律拘束力等基本问题的研究。麦克杜格尔认为,国际法是世界范围内进行权威抉择的全过程;强调政策抉择的制定和适用过程,他并不关心国际法的法律效力与法律内容。因此,在这个学说中,就很难得出关于国际法效力的根据是什么的结论。如果按照这个学说来研究国际法,国际法就成为国家的对外政策的表现,而国际法的效力也就成为取决于国家的对外政策。诚然,国家的对外政策与国际法不无关系,一国的对外政策表现了其对外态度,会对国际法原则、规则和制度的形成与发展必然产生影响,因此,从这个程度上来讲,国际法可以被认为是各国外交政策的表现,如1982年《联合国海洋法公约》(the United Nations Convention on the Law of the Sea)的制定,就是各国妥协的产物。但是,如果说国际法的效力仅仅是根源于各国的外交政策,抑或政策抉择,或者政策抉择过程,最终导致的结果就是国际法就没有什么原则、规则和制度而言了,国际法就只成了由政策所随时决定的、无法确定的原则、规则和制度内容,这也直接否定了国际法的存在。这样的"政策定向说"就和"强权政治说"没有什么区别了,也成为不了国际法效力的依据。当然,"政策定向说"的政策抉择所认为的外交政策与国际法的关系对在研究国际法的过程中了解各国外交政策对国际法效力的影响,也具有一定的意义。①

---

① 参见王铁崖:《国际法引论》,北京大学出版社1998年版,第35页。

此后,一些学者对该学说进行了进一步的发展与完善,形成了"新纽黑文学派"。福尔克(Volck)试图在凯尔森"规范主义"学派主张国际法具有自主性和麦克道格尔"政策定向学派"将国际法作为一种国际政治决策过程的模式之间,找到一条平衡的中间道路。作为麦克杜格尔的学生,福尔克继承了政策定向的方法,但是在更加强调国际法独立性的基础上,对政策定向主义进行了修改:在形式上,福尔克主张,国际法既是过程——一种兼有权威性和有效性的政治决策,也是规则,乃反映"国际社会生存需要"的"国际行为法典"。在实质上,福尔克认为,以往政策定向学派过于偏向政治,对法律在国际关系中的作用强调不够;同时忽视了系统层面的共同体价值,容易造成国家的机会主义。而福尔克的理论判定国际法具有"半独立性"——国际法既从属于国际体系整体的结构和性质,同时也保有实际的和潜在的独立性,可作为一个影响国家行为的变量起到自己的作用。

之后,耶鲁大学法学院对"新纽黑文学派("New"New Haven School)国际法:过去、现在和未来"进行了深入的探讨,尝试对新一代耶鲁国际法学者正在形成的新继承学派进行分析。《耶鲁国际法杂志》在2007年第五届青年学者年会上以"新纽黑文学派"为主题,邀请诸多青年学者进行学术演讲,"政策定向主义"的舵手耶鲁大学法学院的迈克尔·赖斯曼教授(Prof.Michael Reisman)教授也与会并点评。一方面,新纽黑文学派很好地继承了传统纽黑文学派关于跨学科理论研究、跨国主义、抉择过程研究、规范性研究以及经由实践和公共服务的法律与政策结合等主要方法论特点,并试图将其应用到当今全球化的时代背景之中。另一方面,"新纽黑文学派"更加强调融合,更注重传统跨国法律抉择过程与政策定向方法的结合运用。新纽黑文学派更是法律多元主义与新实用主义的糅合,一方面新纽黑文学派继承了传统纽黑文学派国际法理论的理念和思路,注重研究国际法律抉择的动态社会过程,并将其研究范畴大大扩展;另一方面,新纽黑文学派深受美国当代法律多元主义思潮的影响,采取了更加宽容的立场,强调包括社会科学与自然科学在内的各个不同学科之间的交流与结合,并不拘于研究方法,强调参与和实践,大胆革新,同时也更加倾向于采纳现实和实用主义的观点。①

传统的法学理论被纽黑文学者称之为"老虎机法理学"(Slot Machine Jurisprudence),法官只需要将特定的事实整理成法律条文所确定的模式("角子"),然后根据条文寻找该事实模式的适用法律("投币"),就可以等待在终端上也许能够出现的预期结果。② 政策定向主义一方面拒绝自然法学派认为的只要运用理性或研究更高位阶的法律就可先验地发现国际法的观点;另一方面,该学派更反对分析实证主义法学派只注重国际法规则的形式和强调国际法自主性的观点。

该学派在质疑传统的法律是规则总和的概念的前提下,认为法律不仅仅是规则,还包括政策决策和一切有关的活动的全过程。将这一理论运用到国际法,该学派认为国际法不仅仅是表现为调整国家关系的国家行为的规则的总和,还应当是包括这些规则在内的国际权威决策的全部过程。政策定向国际法学派克服了实在法学派将法律局限于规范的片面性。其从政策导向的角度,将国际法视为一项决策程序。在该程序中,国际社会的不同行为者根据其对适当程序和行为控制有效性的期望来阐明并实施其共同利益。该学派对于分析决策的实际过程和政策建议的形成过程具有相当意义。然而,受国际政治学中的强权政治说的影响,该学派重视权力在国际法中的作用,而避开国际法的性质、渊源、法律拘束力等基本问题的研究。其科学化的决策程序因此很难在国际社会推广。③

---

① 参见吴燕妮:《从纽黑文到新纽黑文:政策定向国际法理论的演变》,《江西社会科学》2015 年第 5 期。

② 参见吴燕妮:《从纽黑文到新纽黑文:政策定向国际法理论的演变》,《江西社会科学》2015 年第 5 期。

③ 参见潘德勇:《国际法方法的源流与发展》,《重庆理工大学学报(社会科学)》2010 年第8 期。

二、政策定向国际法方法批判之批判

"政策定向主义"国际法方法为寻求国际法知识和真理提供了新颖的视角和方法论指导,是在前述多项国际法方法理论基础上的批判反思。该理论体系具备了系统性、整体性与新颖性的特征,也曾风靡一时。① 但事实上,尽管"政策定向主义"试图糅合政治或其他社会科学进入法学研究从而构建一个新的法学特别是国际法学基础理论框架,但是这种全新的理论构建基础却并不稳固,从而使得"政策定向主义"的理论自创立之始,就面临着各种各样的挑战。② "政策定向主义"的本质是一种"形而上学",将过程及结果人为地割裂开来,却忽视了过程的目的就是为了实现结果,结果又是过程的最终体现。"政策定向主义"把国际法看作是一种特殊的动态的政治和社会决策过程,而不是静止的法律规则体系,因此,在评估国际法时,它关注的是国家的客观行为与人们的主观看法。更具体地讲,该学派是把国际法视为一种影响官方机构的决策的程序性因素,并将现实主义的核心命题(即权力与安全)谨慎地纳入这种"法律程序"中进行研究,即主张必须用政策科学来研究国际法。③ 实际上,"政策定向主义"把法律视为一种权威性的决定,他们所说的权威是美国的权威,"政策定向主义"在根本上成为推行美国政治的一个手段。

1. 以政策为法,以权力为圭臬,违背法治精神

法律作为一种权威抉择(Authoritative Decision)而不是约束性规则形式存

---

① 参见[美]E.博登海默:《法理学:法律哲学与法律方法》,邓正来译,中国政法大学出版社 1998 年版,第 184 页。

② 参见刘筱萌:《超越规则:政策定向国际法学说之理念批评》,《暨南学报(哲学社会科学版)》2012 年第 5 期。

③ 参见刘志云:《纽黑文学派:冷战时期国际法学的一次理论创新》,《甘肃政法学院学报》2007 年第 5 期。

在的概念,是政策定向学说的基本理念。正是基于这个框架,"法律"由此涵盖了在所有社会进程中涉及"权威特性"(Perspective of Authority)的抉择行为。政策定向对"法律"的定义并没有使用传统意义上的法律规则,而是将法律规则重新定义为权威控制,并且大大扩展了该定义的外延。规则被抽象化为所有人的共同期待(shared expectations),从而受到社会进程政策选择中权力、利益以及价值等因素的影响。此外,"政策定向主义"将法律作为一种权威抉择,这个前提本身即存在严重的概念模糊问题,例如,国际社会的抉择者作出的抉择需要获得怎样的合法广泛性才能使得其抉择成为权威抉择? 而经过长时间之后,权威与有效的关系又当如何? 更重要的是,在国际社会众多庞大复杂的抉择者的抉择之中,我们应当如何识别真正的抉择过程?[①]法律术语的意义是以这些术语被使用的语境、使用这些术语的人以及运用这些术语的目的来确定的。由此来看,依靠原则并不能保证法律的确定性,并且常常会使被社会认为可欲的目的受到挫折。因此,拉斯韦尔和麦克道格尔建议:"应当根据民主生活的目标和重要问题来阐释关键的法律术语;法律判决应当被看成是对社会进程中价值变化的突然事件的回应;应当对所选择的解决方案给整个社会模式所可能产生的影响进行目标思考和功能考虑,并用之代替对定义和规则的强调;应当避免对法律与政策等做出明确的界分,等等。"[②]

2. 合法与违法的界限模糊多变

"政策定向主义"虽然重新定义了法律规则,但同时也留下了一个很大的弊端,即如何立即判断一项具体的行为是合法还是非法? 如果我们按照"政

---

① 参见刘筱萌:《超越规则:政策定向国际法学说之理念批评》,《暨南学报(哲学社会科学版)》2012 年第 5 期。

② [美]E.博登海默:《法理学:法律哲学与法律方法》,邓正来译,中国政法大学出版社1998 年版,第 186 页。

策定向主义"的方法进行推理,那么这个问题的回答就被淹没在高度混沌的所有人的共同期待之中,一项行为,原本是规则指向的判断标准由此进入了一个充斥着共同期待、价值取向以及权力关系的世界。① 或者说将一个具体行为的合法与否完全置于一种无穷无尽的决定参考因素之中,随着因素的不断变换,合法与否的结果也将处在不断的动荡之中。

首先,"政策定向主义"将法律等同于程序。"将国际法的概念等同于程序是令人难以接受的。毫无疑问,法律可以通过程序来制定,也可以通过程序进行修改,但其本身决不能与程序等同。将法律等同于程序忽略了一个根本事实,即在具体的某个时间点,具体的规则是能够被识别的。"②过于注重过程的结果,就导致不能预测结果的确定性,也就意味着结果的确定性就缺乏了确定的参考量。而由此直接带来的后果就是一个具体行为如果违背了法律那应该如何进行惩罚? 更甚者,依照昨天的参考量某一具体行为构成违法,凡是随着社会的发展,在不久的将来,这一参考量被修改,依照未来的法律该具体行为变得不违法,或者是之前不违法,之后违法,这就造成了法律的不稳定性,以及惩罚的不确定、不一致性,对社会的规则是一种破坏。

其次,过程中采用决定参考因素,但是这些参考因素过于主观性,时常无法确定,并且可以任意添加,如该学派认可的主观方面的问题、相互作用的环境、借鉴或依赖的资源(权力基础)以及操纵这些资源的方式(战略)和互动过程的总的结果,并根据各变量对持续展开的研究的重要性来阐述变量之间的相互依赖关系。③ 这就使得决定法律的参考变量飘忽不定,可以任意更改,任

---

① 参见刘筱萌:《超越规则:政策定向国际法学说之理念批评》,《暨南学报(哲学社会科学版)》2012 年第 5 期。

② Arend A C, *International Rules:Approachesfrom International Law and International Relations*, Oxford University Press Inc,1996,p.290.

③ See Jordan J.Paust, "The Concept of Norm:A Consideration of The Jurisprudential Views of Hart,Kelsen and McDougal-Lasswell", *Temple Law Quarterly*, No.1,1979,p.13.

意增加、删减,成了某些大国以一己好恶来决定参考量的内容,最终法律的效力也只能由这些大国说了算,成为其操纵国际社会的工具。

最后,该学派强调考察变量之间的关系,但对于变量之间的大小以及决定的结果没有说明。既然国际法律过程的权威性来自共同体的期望,那么具体又应该是哪些人的期望呢?"政策定向主义"认为,这是共同体人民的期望。然而,完全的普适主义和世界民主并未在全球层面得到推广,因此,现在要经过检视全人类的期望来确定国际法律过程的权威性,为时尚早,而现阶段只能以那些"有效的精英"的期望为考察的对象。传统国际法理论的一大缺陷是不能全面地考虑国际法律程序的参与者。① 国家虽然是国际关系的主要主体,但不是唯一的主体。相应的,在国际法律过程中,对权威性的确定不但要看作出决策的各个国家的精英的期望,还包括更为广泛的精英群体,如政府间组织和非政府组织的领导、学者以及其他有识之士等。这些"有效的精英"以自己和集合体代表的双重身份参与全球权威性决策过程,他们是基本的参与者。②

3. 以霸权国家本国政策取代国际法的法律效力

国际法具有法律的效力,这是无可否认的事实,在理论上也是无可怀疑的。世界主要是由国家组成的,国家彼此往来,发生和发展关系,从而形成一个国际社会。从这个现实出发,可以从法律和事实两个方面来看国际法效力的根据。在法律上说,国际法的效力是依据于国家的同意的,是各国的意志经过协调而取得的一致。童金(Tunkin)说过:"协议作为创立国际法规范的方法,乃是国家意志协调一致和相互制约的结果和体现。"③这就使得国际条约

---

① 参见吴燕妮:《从纽黑文到新纽黑文:政策定向国际法理论的演变》,《江西社会科学》2015年第5期。

② 参见吴燕妮:《从纽黑文到新纽黑文:政策定向国际法理论的演变》,《江西社会科学》2015年第5期。

③ 童金:《国际法理论问题》,刘慧珊等译,世界知识出版社1965年版,第142—143页。

和国际习惯成为国际法的主要渊源,国际法原则、规则和制度主要是通过国际条约和国际习惯而取得法律的拘束力的。常设国际法院在"荷花号案"(1928年)的判决中说道:"对各国有拘束的法律规则……是来自各国的自由意志,表现于公约或一般接受为表示法律原则的惯例,并确立以规范这些共存的独立社会之间的关系或目的在于取得共同的目的。"①

劳特派特(Hersch Lauterpacht)在他对国际法所下的定义中提到了"国际社会存在的事实"。这是试图在事实方面说明国际法效力的根据。事实是:国家是不能单独存在的,国家之间必然有彼此往来,而且这种往来是越来越复杂的。亨金(Henkin)在讨论国际法与对外政策的关系时一开始就指出:"法律是国际事务中一个主要力量;各国依靠它,在它们的对外关系的每一个方面遵循它并受它的影响。"②冯·格拉恩指出:"为了维持与其他国家的正常关系,我们必须能够预见其他国家的行为,而这只能在相对稳定的情形下才能做到,因此,遵守已知的国际法规则便成为对国家的一个要求"。应该说,国家之间要维持正常关系,国家就必须遵守国际法原则、规则和制度。这就是国际法效力的事实上根据。总而言之,国际法效力的根据在法律上是各国的意志的协调一致,而在事实上是国家往来关系的需要。③

而在"政策定向主义"的视野里,法律成了政策,国际法成了外交政策,国际政治最终代替了国际法;外交政策目标是维护本国利益,国际法成了维护个体国家利益之工具;政策就是人类尊严,外交政策就是"人类尊严","人类尊严"与各国外交政策的自私本性搅浑一起。④ 同时,在各国的外交政策中,又

---

① George Wendell Berge,"The Case of the S.S.Lotus",*Michigan Law Review*,1928,Vol.26,No. 4,pp.361–382.

② L.Henkin,"Lauterpacht's Collected Papers",*PCIJ Publications*,*Series A*,Judgment No.10, p.18.

③ 参见王铁崖:《国际法引论》,北京大学出版社 1998 年版,第 37 页。

④ 参见刘志云:《纽黑文学派:冷战时期国际法学的一次理论创新》,《甘肃政法学院学报》 2007 年第 5 期。

是因为美国的超级大国地位而使得其外交政策横行无阻,最终的结果就是美国的外交政策成为"全人类的尊严"。简单地讲,政策定向试图在现实主义强势下彰扬国际法的努力,无形中又落入了否定国际法的圈套中,国际法所秉持的公平或正义价值与外交政策中的权力法则难以分清,国际法也就成了以权力法则为核心的外交政策,即其完全丧失了自身的独立价值。① 这同样也使得国际法的效力陷入不确定的状态。

"政策定向主义"抹杀了国际法的法律性。它把原来认为与法律无关系的因素大量地纳入对国际法的分析,广泛讨论影响权威性和有效性决策过程的价值、利益、目标和条件性等因素。由此造成国际法律过程对政策的开放度大增,如果法官以国际共同体的价值取代正式的规则来判案,那么就会造成国际法与国际政治及其他社会科学的混同,从而丧失其独立的功能。正如童金所评判:"政策定向主义""借助'解释'和被设想出来的'终极价值'把国际法抛到了一边,然后把它彻底埋没在政策之中。麦克杜格尔口头上承认国际法,实际上把国际法歪曲成政策的一部分,从而否定国际法作为法而存在"。王铁崖先生同样指出,政策定向说"主要是通过国际法作为决策过程的论点,把国际法与政策相混淆,而抹杀国际法作为法律的性质"。②

4."美国权威"成为法律的晚礼服

"政策定向主义"在质疑传统的法律是规则的总和的概念的前提下,认为法律不仅仅是规则,还包括政策决策和一切有关的活动的全过程,并把这一理论运用到国际法,他们认为国际法不仅仅是表现为调整国家关系的国家行为的规则的总和,也必须是包括这些规则在内的国际权威决策的全部过程。由此可见,作为一种全球权威性决策的国际法律过程,可具体分解为"权威性"

---

① 参见刘筱萌:《超越规则:政策定向国际法学说之理念批评》,《暨南学报(哲学社会科学版)》2012 年第 5 期。

② 王铁崖:《国际法引论》,北京大学出版社 1998 年版,第 37 页。

和"有效性"两个主客观要素,以及促进人类尊严之目标。① "政策定向主义"认为,传统的国际法理论过于注重规则,忽视了对法律的形成存在重要影响的政治因素;而权力政治的观点又走向另一个极端,过分强调权力影响,忽视了现实社会规则所发挥的重大作用。因此,"政策定向主义"要建立的一个以维护人类尊严为目标的、适用于自由世界社会的国际法,就是一种具有"权威性"的所谓"国际法"。然而,在事实上,国际社会中各国主权平等,不存在超越国家主权之外的超国家权力与机构,那为什么还要在国际社会中讲"权威"? 究竟谁又是权威?

在认定国际法的过程中,纯粹依靠"权威性"和"有效性"这两个要素还是不够的,要在具备这两个要素的决策过程中发现国际法,还必须要求此类决策以促进人类尊严为目标。由此,"政策定向主义"表明了"法律的目的论导向",引入这样的目的论导向,不仅使得对国际法的认定更为复杂化,其所追求的目的也最终成了美国的目的。② 如此导致的结果就是,依据"政策定向主义",国际法效力的根据是什么不得而知,最终只能是权威与政策为大国所利用,大国即强权,美国即权威。所谓的"政策定向主义"就成了"美国权威"的"华丽外衣"。对于拉斯韦尔和麦克道格尔的法理学,正如学者们所评论的那样:"它忠实地反映了美国的政治偏见,大部分的核心工作是全神贯注于东西方意识形态冲突;它整个的方法论不仅太复杂而且也太耗时费力,诸如语境、过程、价值观和系统评价非国家行为者的作用等等,过于老套和格式化。"③

---

① 参见徐崇利:《决策理论与国际法学说——美国"政策定向"和"国际法律过程"学派之述评》,《国际关系与国际法学刊》2011 年第 1 期;see also A.C. Arend, *Legal Rules and International Society*, New York:Oxford Univerity Press, 1999, pp.77-83.

② 参见徐崇利:《决策理论与国际法学说——美国"政策定向"和"国际法律过程"学派之述评》,《国际关系与国际法学刊》2011 年第 1 期。

③ 邹立君:《政策定向法理学研究范式及其"法律政治性"——关于拉斯韦尔和麦克道格尔法理学的探讨》,《广东行政学院学报》2019 年第 5 期。

5.推理顺序不合法律逻辑

依据"政策定向主义"理念,法律判决应当被看作是:对社会进程中价值变化的突然事件的回应。① 如果成文法是对突然事件的回应,那判例法的定义或本质又将是什么? 从概念上来讲,判例法的形成就是要通过特殊找到一般,如果依照"政策定向主义"推理,认为法律判决是每一个都特殊,对每个特殊案件的回应,那么就不会有一般,更不会从这些"特殊"中总结出"一般",判例法的意义又将何在? 判例法又将如何存在? 而大陆法可以认为是成文法,依照法学理论来讲,也是通过特殊总结出来的一般规则,即通过过程总结了结果。现在"政策定向主义"却只承认法律是政策决策和一切有关的活动的全过程,忽视了结果的重要性,在对法律的研究过程中,是先有法律才会对法律的渊源进行研究,如果直接否定了作为法律的结果,怎么能直接研究法律产生的过程?

三、小结

美国的两位学者哈罗德·拉斯韦尔和迈里斯·麦克杜格尔,共同致力于发展一种法律的政策科学(a policy-science of the law)。他们的目的同利昂·狄骥一样,乃是要建构一种否弃了形而上思辨的经验法学理论。然而,与狄骥不同,他们公开承认,"他们研究法律的进路所代表的乃是一种价值理论,而并不只是一种对社会事实的描述。"②

拉斯韦尔和麦克杜格尔的价值体系是从这样一个假设出发的,即一种价值是一种"为人们所欲求的事物"(desired event)。③ 因此,由于人们欲求权力

---

① 参见[美]E.博登海默:《法理学:法律哲学与法律方法》,邓正来译,中国政法大学出版社1998年版,第186页。

② [美]E.博登海默:《法理学:法律哲学与法律方法》,邓正来译,中国政法大学出版社2017年版,第201页。

③ See Harold D.Lasswell and Abraham Kaplan,*Power and Society*,New Haven,1950,p.16.

(权力被定义为参与制定重要决策的权力),所以"从权力是所欲求的(或很可能为人们所欲求的)意义上来讲,权力毫无疑问是一种价值"。① 那些满足人们欲求的其他价值范畴或"所偏好的事物"乃是:"财富,亦即对经济商品和服务的支配;幸福,或肉体和精神的完善:启蒙,或发现和传播知识:技能,或技术的获得和才干的发展;情爱,或友谊和亲情关系的培养;正直,或道德责任和道德完善;尊重,或承认价值,且除了根据能方以外不给予任何歧视。"②上述所列价值当然可以认为是有代表性的,但未必是完全的。他们认为,由于"在任何文化史或人类史中,价值的相对地位一直是因不同群体、不同个人和不同时间而易的",③因此试图按照上述价值的重要性来排列它们是不可能的。同时他们还认为,确定任何一个特定价值具有普遍的支配地位,也是不可行的。一般来讲,人们必须根据具体的情况,分别对特定的环境中支配一个群体或个人的价值加以确定。④

　　拉斯韦尔和麦克杜格尔认为,法律是一种权力价值(power value)的形式,而且"是社会中权力决策的总和"。⑤ 麦克杜格尔说:"能使决策同那种保证这些决策得以执行的有效控制结合起来的正式认可的权力,乃是法律过程的实质之所在。"⑥正是权力同有效控制的这种结合,产生了一系列决策,而这些决策的目的则在于促进社会价值与社会预期相一致。这两位学者所提出的基本要求之一,便是社会成员应当参与价值的分配和分享,换言之,法律调整和审判的目的就是使人们更为广泛地分享价值。拉斯韦尔和麦克杜格尔所构想的法律控制的终极目标是实现世界共同体。"在这个共同体中,以民主方式

---

①　Lasswell, *Power and Personality*, New York, 1948, p.16.

②　Lasswell, *Power and Personality*, New York, 1948, p.17.

③　Lasswell, *Power and Personality*, New York, 1948, p.17.

④　See Lasswell, *Power and Personality*, New York, 1948, p.56.

⑤　McDougal, "The Law School of the Future: From Legal Realism to Policy Science in the World Community", *Yale Law Journal*, Vol.1345, No.56, 1947, p.1348.

⑥　See McDougal, "Law as a Process of Decision: A Policy-Oriented Approach to Legal Study", *Nau.L.For*, Vol.53, No.1, 1956, p.58.

分配价值的做法得到鼓励和促进、一切资源都得以被最大限度的利用、保护个人的尊严被认为是社会政策的最高目标。"①

这两位学者认为,法律科学欲在全球范围内促进价值的民主化和致力于创造一个自由而富裕的社会,就应当最大限度地降低技术性法律原则(technical legal doctrine)——它被称为"权威的神话"一的作用。麦克杜格尔说,所有这类法律原则都有一种不妥的习惯做法,即"在成对相反的立场上漂移"。② 概念上的和原则上的自相矛盾是法律特有的,而且法律术语的意义是以这些术语被使用的语境、使用这些术语的人以及运用这些术语的目的来确定的。因此,依靠原则并不能保证法律的确定性,并且常常会使被社会认为可欲的目的受到挫折。因此,拉斯韦尔和麦克杜格尔建议,"虽然不应当完全抛弃法律的技术原则,但却应当在很大程度上用一种政策的研究进路加以补充:应当根据民主生活的目标和重要问题来阐释关键的法律术语。"③法律判决应当被看成是"对社会进程中价值变化的突然事件的回应"。④ 应当对所选择的解决方案给整个社会模式所可能产生的影响进行"目标思考"的功能考虑,并用之代替对定义和规则的强调。法律原则应当被归结为"象征的作用,它们的功能就是为使用它们的人的全部政策服务"。⑤ 麦克杜格尔指出:"法律规则——无论是以习惯、惯例还是根据其他什么渊源派生出来的——在特定案件中的每次适用,事实上都要求进行政策选择。"⑥虽然审判机关可以从过去

① Lasswell and McDougal,"Legal Education and Public Policy",*Yale Law Journal*,Vol.203,No.52,1943,p.212.

② McDougal,"The Role of Law in World Politics",*Mississippi Law Journal*,Vol.253,No.20,1949,p.263.

③ Lasswell and McDougal,"Legal Education and Public Policy",*Yale Law Journal*,Vol.203,No.52,1943,p.216.

④ McDougal,"Law as a Process of Decision:A Policy-Oriented Approach to Legal Study",*Nau.L.For*,Vol.53,No.1,1956,p.65.

⑤ McDougal,"The Role of Law in World Politics",*Mississippi Law Journal*,Vol.253,No.20,1949,p.263.

⑥ McDougal,"Interational Law,Power and Policy",in *Recueil des Cours*,pp.144,155.

的审判经验中寻求指导,但是它们却应当永远把关注点集中在它们作出的判决对其社会的未来所可能产生的影响方面。麦克杜格尔和拉斯韦尔认为,"这样一种有关决策过程的未来取向方法比那种机械地操纵传统原则的方法要优越得多。"①

第四节　现实意义与评价

传统现实主义法学长久的理念更新了人们对法的认知、追求主客观的辩证统一、用发展变化的眼光打量和思考法律制度。新现实主义法学的方法论价值更加强调与其他社会科学的整合、高度注重自下而上的研究路径、致力于创新性的正面建构。② 现实主义认为个人是追求权力的。国家像个人一样行事,每个国家在追求各自以权利界定的国家利益(national interest)的过程中都以单一的方式行事。反过来说,"权力"主要从一国可以对他国构成物理伤害或胁迫(如发动和赢得战争)所需的物质资源这个视角来加以理解。这些国家存在于无政府状态的国际体系中,该体系用"无政府状态"来凸显的典型特征是缺少权威等级(即一个强大到足以征服所有其他国家的单一国家)。在无政府条件下,现实主义认为,国际体系中的国家只能依靠它们自己。它们最重要的关注点是增加他们自己的相对权力。它们可以通过两种符合逻辑的方式做到这一点。一是战争;二是均势。③

现实主义的四个核心假定可以在修昔底德的《伯罗奔尼撒战争史》④中发

---

① McDougal, "Interational Law, Power and Policy", in *Recueil des Cours*, pp.144, 155.

② 参见段海风:《新传统现实主义法学的内在价值及借鉴意义辨识》,《社会科学家》2018年第8期。

③ 参见[美]卡伦·明斯特、伊万·阿雷奎恩·托夫特:《国际关系精要》(第七版),潘忠岐译,上海人民出版社2018年版,第74页。

④ See Thucydides, *History of the Peloponnesian War*, translated by Rex Warner, Rev. ed., Harmondsworth, UK: Penguin, 1972, p.321.

现,即战争和一般政治中的首要行为体是国家,国家被假定为单一行为体(unitary actor),而以国家名义行事的决策者被假定为理性行为体(rational actor),国家关注安全问题,使其免于外敌和内敌的破坏。

第一,对于修昔底德来说,国家(雅典和斯巴达)是战争和一般政治中的首要行为体,就像今天现实主义者所提出的。尽管其他行为体,如国际组织,或许参与国际活动,但他们对体系的影响并不重要。①

第二,国家被假定为单一行为体(unitary actor)。虽然修昔底德将同一国家内部不同官员之间的有趣辩论涵盖在内,但是他提出,一旦已经作出开战或投降的决定,那么国家就将以一种声音宣传和行事。试图推翻政府决策或颠覆国家利益的次国家行为体是不存在。②

第三,以国家名义行事的决策者被假定为理性行为体(rational actor)。像大多数受过教育的希腊人一样。修昔底德认为,"个人本质上是理性存在,他们在决策时会根据要达到的目标权衡各种选择的优缺点。"修昔底德承认,"理性决策存在潜在的障碍,包括领导人的一厢情愿、不明确的意图和混乱的国家利益,对对方决策者个性的误解。"但是,理性决策导致对国家利益的追求,这个核心观念依然存在。同时对于当代现实主义者而言,理性决策发展了国家利益,不论国家利益的界定如何模糊。③

第四,修昔底德像当代现实主义者一样关注安全问题——国家保护自己免于外敌和内敌破坏的需要。国家通过提高国内能力,集结经济实力,以及在相似利益基础上与其他国家构建联盟来增加它的安全。实际上,修昔底德发现,在伯罗奔尼撒战争之前和之中,恰恰是对对手的恐惧驱使国家加入联盟,

① 参见[美]卡伦·明斯特、伊万·阿雷奎恩·托夫特:《国际关系精要》(第七版),潘忠岐译,上海人民出版社2018年版,第75页。
② 参见[美]卡伦·明斯特、伊万·阿雷奎恩·托夫特:《国际关系精要》(第七版),潘忠岐译,上海人民出版社2018年版,第75页。
③ 参见[美]卡伦·明斯特、伊万·阿雷奎恩·托夫特:《国际关系精要》(第七版),潘忠岐译,上海人民出版社2018年版,第75页。

这从领导人的角度而言是一种理性决策。在《伯罗奔尼撒战争史》或许最有名的部分即米兰对话中,修昔底德概括了现实主义思想的原经典原则:"强者可以为所欲为,弱者则只能逆来顺受。"①

修昔底德并没有穷尽所有的现实主义原则。事实上,现实主义的原则是经过几个世纪才展现出来的,而且并不是所有的现实主义者在这些原则和原理是什么的问题上意见一致。例如,修昔底德之后的6个世纪,基督教主教和哲学家圣奥古斯丁(St. Augustine, 354—430)为现实主义增加了一个基本假定,他提出:"人性是有缺陷的、自我中心的、自私自利的,尽管并非预先注定如此。战争就是源于这些人性的基本特征。"②虽然后来的现实主义者对圣奥古斯丁所作的关于《圣经》的解释存在争议,但是鲜有现实主义者怀疑人类基本上是追求权力的这一事实。

现实主义理论家的核心原则是,国家存在于无政府国际体系中,这个原则最初是由霍布斯明确阐释的。霍布斯生活和写作的时期是欧洲历史上最动荡的时期之一(1618—1648年三十年战争),也是英国内战时期(1641—1651年)。他主张:"就像自然状态中的个人有责任和权利——包括对他人使用暴力的权利——保护他们自己一样,国际体系中的每个国家也有责任和权利保护它们自己。"在他最有名的著作中,霍布斯提出,"一国之内消除永久性战争的唯一药方就是出现一位能够震慑所有人的单一强有力君主,即利维坦。"霍布斯用他的观点来分析主权者之间的关系,描述了国际无政府状态,他认为在国际无政府状态中,国家的规范是"将它们的武器彼此瞄准,让它们的眼睛彼此紧盯"。③ 在缺少国际权威的情况下,几乎不存在制约国家的准则或规范。

---

① [美]卡伦·明斯特、伊万·阿雷奎恩·托夫特:《国际关系精要》(第七版),潘忠岐译,上海人民出版社2018年版,第75页。

② Augustine, "Confessions and City of God", in *Great Books of the Western World*, Vol.18, ed. Robert Maynard Hutchins, Chicago: Encyclopedia Britannica, 1952, 1986, p.165.

③ Thomas Hobbes, *Leviathan*, Harmondsworth, Uk: Penguin, 1968, p.13.

总之,到了 20 世纪,大多数现实主义的核心原则都已经确立了。鉴于国家生活在一个没有任何一个单一力量可以将自己的意志强加给其他国家的体系(无政府状态)中,这个体系中的国家只能依赖自助。因为甚至盟友也可能在如一次危机中犹豫或拒绝提供帮助,因此一个国家在自助世界中唯一的理性政策就是追逐权力。根据第二次世界大战后现实主义学国际关系理论家汉斯·摩根索(Hans Morgenthan,1904—1908 年),这个观念解释了为什么国际体系中的和平总是不可靠的。①

第二次世界大战之后,摩根索对国际政治中的现实主义进行了富有启发性的综合,并为检验理论提供了方法上的路径。对于摩根索,就像对于修昔底德、圣奥古斯丁和霍布斯一样,国际政治是一种为争取权力而进行的斗争。这种斗争可以在三个分析层次上进行解释:"(1)自然状态中有缺陷的个人为自我保存所作的斗争;(2)自主且单一的国家不断卷入权力斗争,用权力抗衡权力,为保护国家利益进行回应;(3)由于国际体系是无政府的——不存在中止竞争的更高权力——因此斗争是无休止的。"②出于确保国家生存的紧迫需要,领导人受到与普通个人所遵守的道德截然不同的道德驱使。对于现实主义者来说,道德是要由政策的政治后果来进行评判的。

摩根索的《国家间政治》在第二次世界大战之后的岁月成为现实主义的圣经。从其理论中自然导出的政策寓意是:"管理权力最有效的技巧是均势。"③乔治·凯南(1904—2005 年),20 世纪 40 年代末任美国国务院政策规划司司长,后来成为美国驻苏联大使;亨利·基辛格(Henry Kissinger,生于1923 年),是美国外交政策顾问,任尼克松总统和福特总统的国务卿;凯南和

---

① See J.Morgenthau,*Politics Among Nations:The Struggle for Power and Peace*,fifth edition,Alfred Knopf,1978,pp.33-39.

② J.Morgenthau,*Politics Among Nations:The Struggle for Power and Peace*,fifth edition,Alfred Knopf,1978,pp.33-39.

③ [美]卡伦·明斯特、伊万·阿雷奎恩·托夫特:《国际关系精要》(第七版),潘忠岐译,上海人民出版社 2018 年版,第 77 页。

基辛格都将他们的政策建议建立在现实主义理论的基础之上。①

凯南是美国冷战时期遏制政策的缔造者之一,遏制是对均势的一种诠释。遏制的目的是阻止苏联势力扩张到与苏联邻近的现有势力范围(东欧)以外的地区。遏制是通过用美国权利抗衡苏联权力的办法实现的。遏制是竞争性的"推回"战略的重要替代,后者要使用核武器和常规军事威胁将苏联赶出东欧,尤其是德国。凯南对苏联意图的和深入分析及其对于冲突将失控地升级为第三次世界大战的担忧,最终使美国采纳遏制作为外交政策。② 基辛格在20世纪70年代通过支持向中国和巴基斯坦这样的国家,分别用经典的现实主义均势控制苏联,抗衡印度不断增加的权利。虽然现实主义者提出了明确的政策指南,但并不是所有的现实主义者都一致同意理想的现实主义外交政策是什么。防御性现实主义者认为,20世纪鲜有大战是以有利于战争发动者的方式结束的。当受到威胁时,国家倾向于制衡侵略者,最终战胜对手并夺回对手在战争初期获得的收益。③

学者们还发展了对现实主义的其他解释。尽管新现实主义简化了经典现实主义理论,主要分析了一些核心概念《体系结构和均势》,但其他解释则给现实主义增加了已经增加了的复杂性。罗伯特·吉尔平(Robert Gilpin)在《世界政治中的战争与变革》中就提供了这样一种重新解释。吉尔平同意现实主义的假定,即国家是首要行为体,决策者基本上是理性的,以及国际体系结构在决定权利方面发挥着关键作用。他考察了2400年的历史,发现"国家之间的权力分配在每一个国际体系中都构成了首要的支配形式"。④ 吉尔平

---

① 参见[美]卡伦·明斯特、伊万·阿雷奎恩·托夫特:《国际关系精要》(第七版),潘忠岐译,上海人民出版社2018年版,第77页。

② 参见[美]卡伦·明斯特、伊万·阿雷奎恩·托夫特:《国际关系精要》(第七版),潘忠岐译,上海人民出版社2018年版,第77页。

③ 参见[美]卡伦·明斯特、伊万·阿雷奎恩·托夫特:《国际关系精要》(第七版),潘忠岐译,上海人民出版社2018年版,第77页。

④ Robert Gilpin, *War and Change in World Politics*, *Cambridge*, Uk: Cambridge University Press, 1981, p.29.

增加的是动力概念,以及历史作为一系列循环的概念——主导国产生、扩张和灭亡的循环。经典现实主义并没有为国家的衰落提供令人满意的解释,吉尔平在经济实力中找到了答案。霸权衰落是因为三个方面的进程:"统治一个帝国不断减少的回报,这是国家层次的现象;经济霸主随着时间的推移消费越来越多,投资越来越少的倾向,这也是国家层次的现象;以及技术的扩散,这是体系层次的现象,新兴国家通过技术扩散对霸权提出挑战。"正如吉尔平解释的,"不均衡取代均衡,世界走向新一轮霸权冲突"。①

---

① Robert Gilpin, *War and Change in World Politics*, Cambridge, Uk: Cambridge University Press, 1981, p.210.

第五章 异军突起:马克思主义
国际法方法

第一节 马克思主义国际法的人物、
论点和应用

马克思主义(Marxism)是关于全世界无产阶级和全人类彻底解放的学说。它由马克思主义哲学、马克思主义政治经济学和科学社会主义三大部分组成,是马克思(Karl Marx)、恩格斯(Friedrich Engels)在批判地继承和吸收人类关于自然科学、思维科学、社会科学优秀成果的基础上于19世纪40年代创立的,并在实践中不断地丰富、发展和完善的无产阶级思想的科学体系。①

毫无疑问,马克思主义是人类历史上的伟大创造。马克思主义理论的科学性和革命性源于辩证唯物主义和历史唯物主义的科学世界观和方法论,它为我们认识世界、改造世界提供了强大的思想武器。而马克思和恩格斯在其著作中所阐述的国际法思想不但为国际法的未来发展指明了方向,更是为当

---

① 参见刘绥:《21世纪马克思主义:内涵、主题与方法论》,《探索》2019年第6期。

代国际法研究提供了独特的研究方法和视角,即要运用辩证唯物主义的批判性思维、整体与部分的关系、普遍联系的观点、矛盾分析方法等来研究国际法。马克思主义法学认为,法律是统治阶级意志的反映。统治阶级的意志并不是随意形成的,而是由特定社会的物质生产方式限制的;马克思承认利益是构成法律的基础,所谓的利益是一定社会经济关系的表现形式。共同利益与个人利益休戚相关,个人利益与普遍利益这对对立统一的概念,使国家的出现成为必然,同时也左右了法律的形成过程,这是因为"历史是这样创造的:最终的结果总是从许多单个的意志的相互冲突中产生出来的,而其中每一个意志,又是由于许多特殊的生活条件,才成为它所成为的那样"①,国家与法律因此相伴相生。②

唯物辩证法是以自然界、人类社会和思维发展最一般规律为研究对象,它是辩证法思想发展的高级形态。唯物辩证法认为物质世界是普遍联系和不断运动变化的统一整体;辩证规律是物质世界自己运动的规律;主观辩证法或辩证的思维是客观辩证法在人类思维中的反映。唯物辩证法是最全面、最丰富、最深刻的发展学说,它包括三个基本规律(对立统一规律、质量互变规律和否定之否定规律)以及现象与本质、原因与结果、必然与偶然、可能与现实、形式与内容等一系列基本范畴,它是宇宙观,又是认识论和方法论。当然,这一方法论亦为国际法的辩证研究提供了基本逻辑思维:遵循唯物辩证法的规律从事国际法学的研究,要力求问题研究的全面性,必须把握、研究事物的一切方面、联系和中介;从事物的发展、运动、变化中观察事物;在研究的同时也必须注意真理的具体性。随着人们对客观规律的认识不断丰富和发展,马克思主义视域下的国际法研究辩证方法论也将不断地丰富和发展。马克思主义哲学方法论对国际法研究方法最大的贡献在于,它不仅是理论认识的工具,而且是国际法研究实践的工具。它是理论认识方法和实践方法统一的、完整的、科

① 《马克思恩格斯选集》第4卷,人民出版社1995年版,第697页。
② 参见武静:《论马克思主义法学方法论》,《广西社会科学》2014年第2期。

学的方法论,它在国际法的实践研究中起着越来越重要的作用,通过联系现实更好地解释了国际法学说和国际法规则发生的变化。①

　　马克思主义具有的批判性不仅促进了法律的发展,也影响了研究法学的方法。马克思主义的批判性指导我们在进行法学研究时要在多方面进行多方位的思考与反省,在思考和反省的过程中对我们自身进行批判和检测。马克思主义法学方法在哲学的高度为法学研究提供了一条洞悉法律本质的开放式路径。通过与其他法学流派的比较研究,得出马克思主义法学非常清晰的方法论内容即辩证唯物主义和历史唯物主义。辩证唯物主义方法论具体包括批判分析、实践分析、价值分析等;历史唯物方法论具体包括经济分析、阶级分析、实证分析等。马克思主义法学因科学的方法论而具有了青春永驻的个性。②

　　包括马克思主义在内的激进主义(radicalism)为国际关系提供了第三种理论视角。虽然对于自由主义和现实主义标签的恰当指定存在广泛共识,但是对于激进主义这个标签的指定却并不存在这样的共识,这个标签对于某些人来说蕴含着不可避免的消极内涵。我们今天在更中性的"严重背离常规"的意义上使用该术语,其中的常规之一就是,国家是政治联合的必然形式。激进主义者,如无政府主义者和马克思主义者,对国家本身提出质疑。他们认为国家是问题之所在,这一观念是促使他们严重背离现实主义者和自由主义者的部分原因。③

　　马克思的著作为激进主义思想奠定了基础。马克思以经济和阶级冲突为基础提出其资本主义发展过程理论。19 世纪欧洲的资本主义是由较早时期的封建制度发展而来的。根据马克思的阐述,在资本主义制度中,私人利益控制着劳动力和市场交换,从而形成了束缚,一些阶级试图从这种束缚中解放自

---

　　①　参见[印]B.S.契姆尼:《马克思主义国际公法概论》,蔺运珍摘译,蒋斌校,《国外马克思主义》2019 年第 5 期。

　　②　参见武静:《论马克思主义法学方法论》,《广西社会科学》2014 年第 2 期。

　　③　参见[美]卡伦·明斯特、伊万·阿雷奎恩·托夫特:《国际关系精要》(第七版),潘忠岐译,上海人民出版社 2018 年版,第 88 页。

己。需要注意的是,马克思和恩格斯从欧洲社会阶级(上层阶级即贵族,中层阶级即行会会员,底层阶级即农民和工人)那里借用了"阶级"的概念,但他们把社会阶级重新想象为两个阶级:资产阶级(拥有所有生产工具)和无产阶级(被剥削的工人)。"占统治地位的、资本主义的资产阶级和被统治的工人——即无产阶级之间不可避免地会发生冲突。一种新的社会主义秩序恰恰诞生于这种暴力冲突,其中无产阶级必然会经过一个时期的革命斗争取得最终胜利。"①

对于大多数现实主义者和自由主义者来说,历史提供了各种各样的数据点,由此可以在适当的时候进行总结概括。而激进主义者却认为历史分析可以揭示必然结果。尤其相关的是生产过程的历史。在生产过程由封建主义到资本主义的发展过程中,新型社会关系也得到了发展。激进主义者最关心的是解释生产工具、社会关系和权力之间的关系。②

一方面,大多数激进主义理论家将历史分析奠定在生产过程的重要性的基础之上,假定经济学事实上在解释所有其他现象方面占有首要地位。这一点,加上不同理论家对于国家必要性的不同看法,将激进主义明显地同现实主义或自由主义区分了开来。对于自由主义者来说,经济相互依赖是对国际合作的一种可能解释,但它仅仅是很多解释因素中的一个。对于现实主义者来说,经济因素是权力的构成要素之一,是国际结构的一个组成部分。但不论在哪种理论中,经济都不是决定性因素。现实主义者和自由主义者都认为,国家是主要分析单位。而另一方面,在激进主义理论中,经济因素(对于马克思主义者来说是阶级)具有首屈一指的重要性。③

---

① Karl Marx, *Capital: A Critique of Political Economy*, translated by Ben Fowkes, New York: Random House, 1977, p.86.

② 参见[美]卡伦·明斯特、伊万·阿雷奎恩·托夫特:《国际关系精要》(第七版),潘忠岐译,上海人民出版社2018年版,第89页。

③ 参见[美]卡伦·明斯特、伊万·阿雷奎恩·托夫特:《国际关系精要》(第七版),潘忠岐译,上海人民出版社2018年版,第89页。

在马克思主义思想中,全球体系的结构是等级制的,并且主要是帝国主义的副产品,或是某种经济形式向世界其他地区扩张的结果。英国经济学家约翰·霍布森(John A.Hobson,1858—1940年)提出一种理论,认为扩张因较发达国家的三个条件而发生:商品和服务的生产过剩,工人和下层阶级因为低工资而造成的消费不足,上层阶级和资产阶级的过度储蓄。为了解决这三个经济问题,发达国家历史上进行了对外扩张。激进主义者认为,发达国家现在仍然把扩张看作是解决方案。商品在欠发达地区找到了新市场,工人工资因为国外竞争而被持续压低,储蓄被有利可图地投资于新市场,而不是投资于改善工人的命运。帝国主义导致发达国家之间的对抗。①

对于激进主义者来说,"帝国主义产生了等级制的国际体系,这种体系为一些国家、组织和个人提供了机遇,但对其他行为体的行为却形成了严重的制约。发达国家能够扩张,使它们得以出售商品,输出他们在国内无法使用的过剩财富。与此同时,发展中国家越来越受到制约,越来越依赖于发达世界的所作所为。霍布森谴责帝国主义是非理性的、危险的,具有潜在性冲突,但他并不认为帝国主义是不可避免的。尽管强调自由市场的资本主义者认为可以通过市场实现平衡,但激进主义者去援引马克思的分析批判,认为资本主义必然导致危机。"②

激进主义理论家强调支配和压制的技巧,它们源于资本主义体系内在的不平衡的经济发展。不平衡发展使支配国获取权力并得以剥削受压迫者;如果压迫者要维持他们的地位,资本主义结构要生存下去,那么资本主义和经济扩张的动力就会使这种剥削成为必然。现实主义者把平衡其他国家的权利和外交看作获取和维持权力的机制,马克思主义者和激进主义者则把支配和压制的经济技巧看作世界中的权力工具;受压迫者的选择既少又没用。③

---

① See John A.Hobson,*Imperialism:A Study*,University of Michigan Press,1965,p.61.
② [美]卡伦·明斯特、伊万·阿雷奎恩·托夫特:《国际关系精要》(第七版),潘忠岐译,上海人民出版社2018年版,第90页。
③ 参见[美]卡伦·明斯特、伊万·阿雷奎恩·托夫特:《国际关系精要》(第七版),潘忠岐译,上海人民出版社2018年版,第90页。

第二节　马克思主义国际法方法的
科学性和优越性

　　马克思和恩格斯创立的辩证唯物主义是形成马克思主义法学方法论的理论基础,所以,吸取了以往的经验教训和考虑了我国的实际国情就是马克思法学方法论的先进之处。首先,马克思主义法学是一个基于实践理性而形成的开放性体系,具有自我发展、完善的能力。① 正如卢卡奇在《历史与阶级意识》中提到的,正统的马克思主义"它不是对这个或那个论点的'信仰',也不是对某本'圣'书的注解。恰恰相反,马克思主义问题中的正统仅仅是指方法"。② 从经典论著出发,马克思主义法学是"在马克思、恩格斯创建唯物史观的基本原理,分析、揭露剥削阶级、特别是资产阶级的法律制度,并在批判继承以往社会法律文化的过程中形成的","以马克思主义为指导来研究法律现象的"③法学理论。马克思主义法学方法论是其在法学研究领域的具象,"是从马克思和恩格斯最初的新理性主义方法论,逐渐过渡到辩证唯物主义和历史唯物主义的法学方法论"。④ 正如卢卡奇所言,马克思主义的正统在于其方法。这一方法开拓了国际法学的视野,并使国际法研究变得更为科学。

一、唯物辩证法视角下的国际法研究

　　马克思最亲密的战友恩格斯所论述的自然辩证法思想是人类思想史上的瑰宝,这一理论的问世对于整个人类社会发展进程以及如何处理人与自

① 参见武静:《论马克思主义法学方法论》,《广西社会科学》2014 年第 2 期。
② 吴晓明:《当代学者视野中的马克思主义哲学:西方学者卷》(中),北京师范大学出版社2012 年版,第 5 页。
③ 孙国华、朱景文:《法理学》,中国人民大学出版社 1999 年版,第 4 页。
④ 吕世伦、文正邦:《法哲学论》,中国人民大学出版社 1999 年版,第 207、623 页。

然的关系问题都有着重大的指导意义。① 马克思主义的辩证思维方式也在学术研究与实践践行中起着重要的指引作用。马克思主义认为,社会的阶级性质决定了法的阶级性质。马克思主义所主张的法的阶级性并不意味着以阶级斗争为纲,以阶级斗争为纲是以阶级斗争来观察一切事物和一切过程的始终,并将尖锐的阶级矛盾外化为对抗的形式。而法的阶级性则是强调法的社会经济基础的特定利益归属,强调通过法将阶级斗争控制在一定秩序的范围内,使社会得以存在和发展。马克思和恩格斯认为国际法也有鲜明的阶级性的特点。国际法调整的是国家之间的关系,并主要由国家来制定和发展,国家的阶级性决定了国际法的阶级性,没有超阶级的国际法。阶级分析的方法必然会伴随着批判的方法②,马克思、恩格斯通过批判国际旧秩序,揭露了西方列强之间的秘密外交和政治同盟的频繁变换使国际关系充满了欺诈和变数,批判了近代国际法的局限性。批判的观点贯穿着马克思、恩格斯研究和看待法律现象的始终,在批判和阶级分析的过程中,他们提出要以公平和正义为国际法的宗旨和价值目标,恢复国际法的尊严与权威。③

马克思主义在从事国际法的研究中秉持辩证思维方式。从最坏的方面透视法律,揭露实质性的阶级矛盾,并进一步提出可以操作的改革法律制度的方案,提出对批判对象实行革命性改造的主张。④ 马克思主义的辩证思维方式与我们在国际法研究过程中的批判性思维方式具有异曲同工之妙。马克思主义的辩证思维方式转化到国际法的研究方法中便是批判性思维方式。要学会

---

① 参见贺富永:《全球化背景下马克思主义国际法思想发展的基本走向》,《长白学刊》2015 年第 2 期。

② 参见黄晓燕:《马克思主义法学研究方法在国际法研究中的运用》,《新疆社会科学》2012 年第 1 期。

③ 参见黄晓燕:《马克思主义法学研究方法在国际法研究中的运用》,《新疆社会科学》2012 年第 1 期。

④ 参见黄晓燕:《马克思主义法学研究方法在国际法研究中的运用》,《新疆社会科学》2012 年第 1 期。

运用"批判性思维"来思考国际法问题,从事国际法的研究。从马克思主义的视域来研究国际法就要秉持批判性的思维模式为前提,在充分研究马克思主义方法论的基础上,用马克思主义的认识论与实践观来进行国际法学的辩证研究。

二、普遍联系观点下的国际法研究

唯物辩证法认为世界上的一切现象都处于普遍联系和永恒运动之中,事物普遍联系的最本质的形式和运动发展的最深刻的原因是矛盾着的对立方面的统一。普遍联系作为一般哲学范畴,通常是指事物或现象之间以及事物内部要素之间相互联结、相互依赖、相互影响、相互作用、相互转化等相互关系。在无限的宇宙中,联系不是个别事物之间暂时的、特殊的关系,而是一切事物、现象和过程所共有的客观的、普遍的本性;任何事物都不能孤立地存在,都同其他事物发生着联系;世界是万事万物相互联系的统一整体;任何事物都是统一的联系之网上的一个部分、成分或环节,都体现着联系的普遍性。①

而国际法这一学科范畴正是普遍联系的充分体现。首先,国际法正是国际社会加强联系的产物,其研究的内容也正是各国联系基础上的法律之间的联系,如果没有国家之间的联系,就不会有国际社会,没有国家与国家法律之间的联系也就没有国际法,一国的法律只能称其为"国内法"。所以,在研究国际法的过程中要极其注重"比较研究"方法。只有通过对国际法现有相关问题进行充分对比研究,才能有助于实现国际法问题的研究突破。其次,国际法研究的普遍联系性也不仅只体现在国家法律之间的联系,更体现在国际法与国内法之间的联系,不能单纯地将国际法与国内法的研究分离开来,单独研究国内法或国际法。国际法除国家之间的联系之外,更重要的是人际之间的交往与联系。所以对国际法的研究不能仅停留在国家的层面上,还应该通过

---

① 参见周嘉昕:《唯物辩证法的形成——基于马克思恩格斯文本的思想史考察》,《山东社会科学》2014 年第 10 期。

对国际法的充分研究来不断促进国内法的进步与完善。最后，国际法的普遍联系性亦体现在国际法各研究领域之间，例如国际公法、国际私法与国际经济法之间的联系，不能仅单纯研究国际法中的某一领域，与其他内容割裂起来，这样难以有突破性成果。而近年来在国际法中的跨学科研究正是这一普遍联系研究方法的深刻运用。

三、主次矛盾分析法下的国际法研究

马克思主义的唯物辩证法中最突出的贡献就是矛盾分析方法论。矛盾是事物发展的根本动力，"矛盾"可以泛指为"问题""困难"。矛盾分析法是指运用矛盾的观点观察、分析事物内部的各个方面及其运动的状况，以达到认识客观事物的方法。矛盾分析法是一种定性分析的方法，在分析的过程中一定要坚持"两点论"，防止片面性，切忌"顾此失彼"；必须坚持"重点论"，善于把握主要矛盾和矛盾的主要方面，突出重点，抓住关键。① 在研究国际法的过程中我们都知道，国家间的交往就如同个人之间的关系一样，难免会产生摩擦，这也就是国际争端。而对于国际争端的解决，各国家间却存在较大争议。在解决这些争端的时候，更应该运用矛盾分析方法，积极处理好主要矛盾与次要矛盾及矛盾的主要方面与次要方面的关系；处理各种问题要分清主次、考虑轻重缓急。

首先，要明确的一点是，这些争端的产生，作为一种矛盾，其在本质上是可以推动国家的进步与发展的。比如当下一些热议的国际海洋争端，只有在争端频繁发生的情况下，有关争端各国才逐渐意识到海洋维护的重要性，开始加强对海洋权益的保护。其次，一个问题或一个矛盾往往会有多种因素在其中，而主要矛盾或者矛盾的主要方面则对事物的发展起着主要的或者决定性的作用，只要把握好解决问题的关键就可以达到事半功倍的效果。因此，在一项国

---

① 参见刘少杰：《马克思主义社会学的学术地位与理论贡献》，《中国社会科学》2019 年第5 期。

际争端中,总有某些因素是处于主要地位或者支配地位的,这就要我们在解决争端的过程中抓住问题的主要矛盾或矛盾的主要方面,才能更有利于问题的解决。

四、矛盾特殊性规律下的国际法研究

矛盾的特殊性是指,具体事物的矛盾及每一个矛盾的各个方面都有其特点(横向),主要与次要就是相对的特殊性;各个具体事物的矛盾及每一个矛盾的各方面在发展的不同阶段也各有特点(纵向)。任何事物都是一个矛盾体,既然是一系列对立统一关系的集合,事物之间便可能存在相同的矛盾,也可能有自己独特的矛盾,这便是矛盾的共性与个性,因此也就形成了事物的不同特点、人的不同个性。我们在学习与实践中就要遵循由特殊到普遍,再由普遍到特殊的认识顺序,坚持矛盾普遍性和特殊性、共性和个性的历史的统一。①

国际法本身最重要的一个特征就是"求同存异",在一定程度上可以说国际法是各个国家间相互妥协的产物,因此,国际法是在国际发展中"求同"的产物。然而,各个国家在历史的发展过程中因为自身的条件与社会背景的限制,导致各国的情况与自身实力大相径庭,对于权力的追求也不一样。因此,在寻求共同发展的同时,不仅要关注各国的自身差异性,更要关注法律的差异性,做好对比研究,强化经验的引进,取其精华去其糟粕,不致因共同发展而导致他国权益的减损。目前,人类共同关注的利益逐渐增多,马克思主义视域下国际法研究的发展也应从国际和平、和平共处等"共处国际法"向人类共同进步和发展的"共进国际法"方向发展。我们在进行国际法研究的同时也必须注意把马克思主义同国际法的具体特点结合起来,充分学习与运用马克思主义哲学中的唯物辩证法,做到一切从实际出发,实事求是,具体问题具体分析,从而更好地进行国际法学的研究。②

---

① 参见郑辉:《矛盾分析法在工作中分析和解决问题》,《改革与开放》2015 年第 10 期。
② 参见吕岩峰:《马克思主义与国际法研究》,《当代法学》1991 年第 3 期。

五、质量互变规律下的国际法研究

质量互变规律揭示了事物因矛盾引起的发展过程和状态、发展变化形式上具有的特点,从量变开始,质变是量变的结果,但量变不因质变而停止。事物的发展最终是要通过质变来实现的,没有质变就没有发展。量变是质变的必要准备,质变是量变的必然结果。质变不仅可以完成量变,而且为新的量变开辟道路。任何事物的发展都必须首先从量变开始,没有一定程度的量的积累,就不可能有事物性质的变化,就不可能实现事物的飞跃和发展。因此,在学习和实践中就必须首先做艰苦的量的积累工作,要有脚踏实地、埋头苦干的精神。同时,在进行量的积累时也要充满必胜的信心和信念,不能因量变的漫长和艰辛而放弃或失去信心,要相信规律、相信质变必然会发生。不仅量变的终点是有意义的,而且量变的过程也是有意义的。在量变达到能够引起质变时要有敢于突破的勇气,敢于破旧立新的精神,把研究推向一个新的阶段。我们在研究国际法的过程中,更应该明白这样的道理,并不断坚持质量互变规律。在平时的研究过程中要注重坚持量的积累,不能因为过程的漫长而轻易放弃,国际法学的研究就是一个较为漫长的过程,一次海洋法会议的谈判可以长达近十年之久,一桩国际案件的审结更是要耗费很长的时间。在研究国际法的过程中要不断地遵循量变与质变的原则,坚持做好资料的搜集与研究,灵活运用马克思主义国际法方法和视野分析国际法问题。

以伊拉克战争为例,这是以英美军队为主的联合部队在 2003 年 3 月 20日对伊拉克发动的军事行动,美国以伊拉克藏有大规模杀伤性武器并暗中支持恐怖分子为由,绕开联合国安理会,单方面对伊拉克实施军事打击。因为是海湾战争的延续,又称为第二次海湾战争。到 2010 年 8 月美国战斗部队撤出伊拉克为止,历时 7 年多,美方最终没有找到大规模杀伤性武器,反而以萨达姆政权早已销毁的文件和人证为由,结束了战争。2011 年 12 月 18 日,美军全部撤出。有观点认为,伊拉克战争实质上是美国借反恐时机,以伊拉克拒绝交出生化武器为借口,趁机清除反美政权的一场战争。由于伊拉克战争使用了大量的美国现代化新式武器,加上美军使用的武器费用非常地高昂,总军费高达7630亿美元,这场战争也被称为浪费钱的战争。

马克思主义的解释主要集中在国际体系结构和国家的经济利益上。对于马克思主义者来说,国际体系结构深深根植于历史上的殖民体系及其当代遗产。马克思主义者认为,"政治殖民主义产生了帝国主义体系,在这个帝国主义体系中,资本主义国家的经济需要是第一位的。"① 在中东,这意味着西方为确保石油资源的安全而推行帝国主义政策。在19世纪殖民时代,帝国主义是由国家组织的;今天,帝国主义是由跨国公司推行的。根据这种观点,来自伊拉克的石油供给的不稳定也可以解释美国2003年对伊拉克的入侵。② 很多人深信不疑地认为,美国入侵是想要控制伊拉克的石油。他们所指的事实是,美国首批军事目标之一就是夺取伊拉克南部的鲁迈拉油田。重新启动石油管道优先于为伊拉克人民提供基本必需品。当伊拉克威胁到资本主义核心国家——美国及其盟国——重要的石油利益时,这些国家会用武力进行回应。马克思主义者追求和预测的国际权力关系的重大变化尚未到来。③

第三节　马克思主义国际法方法论评析

马克思主义的唯物辩证法告诉我们,国际法学的研究是曲折的,马克思主义的辩证思维方式始终贯穿在国际法的研究过程中,指引着国际法的方向。

---

① ［美］卡伦·明斯特、伊万·阿雷奎恩·托夫特:《国际关系精要》(第七版),潘忠岐译,上海人民出版社2018年版,第101页。

② 参见［美］卡伦·明斯特、伊万·阿雷奎恩·托夫特:《国际关系精要》(第七版),潘忠岐译,上海人民出版社2018年版,第101页。

③ 参见［美］卡伦·明斯特、伊万·阿雷奎恩·托夫特:《国际关系精要》(第七版),潘忠岐译,上海人民出版社2018年版,第101页。

在马克思主义视域下探究国际法的研究方法,就要充分理解马克思主义的深刻内涵,学习唯物辩证法的知识,培养辩证思维。充分运用马克思主义辩证法中的事物普遍联系性规律,用联系的观点看问题,针对国际法的规则制定与实践的发展,要不断关注各个国家之间相互联系的关系。学会运用矛盾分析法中的主次矛盾、矛盾特殊性的规律来进行国际法的研究,找到问题的关键。同时,也要遵循质量互变规律、整体与部分的关系等内容,关注部分所起的作用,重视一些国家的发展,如第三世界的崛起对国际法的发展产生的深远影响,以辩证、批判的思维方式为国际法的研究注入新活力。

马克思主义的法律理论对社会主义国家的法理学思想产生了极大的影响。人们一般认为这一理论具有下述三个基本假设:"(1)法律是不断发展的经济力量的产物;(2)法律是统治阶级用以维护其统治较低阶层的权力的工具;(3)在未来的共产主义社会,作为社会控制之工具的法律将会逐渐减少其作用并最终消亡。"问题在于,所有上述假设是否代表了社会主义运动的奠基人马克思和恩格斯的观点? 或者其中的一些观点只是人们后来对马克思理论所作的增改?

有关法律是经济状况的反映的观点,乃是马克思和恩格斯辩证唯物主义理论中一个不可分割的组成部分。根据这种理论,任何特定时代的政治、社会、宗教和文化制度都是由当时存在的生产制度决定的,并且构成了建立在这种经济基础之上的"上层建筑"。法律被认为是这个上层建筑的一部分,因此,法律的形式、内容和概念工具都是经济发展的反映。"法律关系以及国家形式既不能从其本身来理解,也不能从所谓的人之心智的进步来解释,而应当从它们所植根的物质的生活状况加以解释……随着经济基础的改变,整个巨大的上层建筑也或多或少地会发生变化。"①

根据这种观点,法律似乎只是经济的一种功能,而其本身则不是独立存在

---

① Karl Marx, Frederick Engels, *A Contribution to the Critique of Political Economy*, translated by N.I.Stone, New York, 1934, p.63.

的。然而,恩格斯却在其晚年的一些书信中对这个观点做了修正和解释。他说,经济因素并不是社会发展唯一的和全部的因素。上层建筑的各个组成部分——包括法律的规范和制度——都会对经济基础发生反作用,并且在一定的限度内还可以更改经济基础。① 例如,国家可以通过保护关税、自由贸易政策或财政措施影响经济发展的进程。② 但是,在社会发展中起作用的各种力量之间的互动中,经济需要始终是决定性的因素。"人们自己创造着自己的历史,但是他们是在制约着他们的特定环境中,是在既有的现实关系的基础上进行创造的。在这些现实关系中,无论其他什么关系——政治的和意识形态的关系——对于经济关系有多大的影响,经济关系归根到底仍是具有决定性意义的关系,它们构成了一条贯穿于全部发展进程并仅依据其自身便能使我们理解这个发展进程的红线。"③

同马克思主义的法律理论具有广泛联系的第二个重要原则乃是将法律视为阶级统治的一种方式。这个法律观的渊源之一是马克思《共产党宣言》中一段经常为人们征引的文字。马克思对当时的资产阶级说:"你们的法学(jurisprudence)不过是被纳入适用于所有人的法律之中的你们这个阶级的意志,而这种意志的基本性质和方向则是由你们这个阶级赖以存在的经济生活状况决定的。"④

需要指出的是,上面那段文字只是表明资产阶级社会的法律是阶级意志的体现而已,而不是对法律性质所作的一般性评价。就其本身而言,这段文字也没有包含这样一种指控,即统治阶级的意志始终是以损害非统治阶级利益的方法加以行使的。恩格斯就明确驳斥了这样的说法,他指出:"很少有一部法典是率直地、十足地、纯粹地表示一个阶级的统治的。"⑤

---

① See *Karl Marx and Frederick Engels*, *Selected Works*, Moscow, 1955, p.494.

② See *Karl Marx and Frederick Engels*, *Selected Works*, Moscow, 1955, p.505.

③ *Karl Marx and Frederick Engels*, *Selected Works*, Moscow, 1955, p.505.

④ Karl Marx, *The Communist Manifesto*, Chicago, 1954, Part.II, p.47.

⑤ *Karl Marx and Frederick Engels*, *Selected Works*, Moscow, 1955, p.494.

阶级统治的法律观在早期苏维埃的法律理论中得到了最为充分的表现。俄国革命后不久,司法人民委员斯图奇卡(P.I.Stuchka)试图把法律定义为"符合统治阶级利益、并由该统治阶级有组织的力量加以保护的社会关系的体系(或秩序)"。① 1919 年司法人民委员会的理事会正式采用了这个定义,并于同年将它写进了一部法规之中。② 大约 20 年以后,苏联司法部部长安德烈·维辛斯基(Andrey Vyshinsky)再一次肯定了这个定义,他说,法律乃是一种旨在"保卫、维护和发展有利于并符合于统治阶级的社会关系和社会秩序的"规范体系。③

这样一个不具有赞美性的法律定义,可以在下述社会中达到其本身的目的:"这个社会的宣传机构反复宣传法律制度的临时性以及法律制度会在无阶级的社会中较早消亡。在苏联政府认识到苏联在相当长的时间里不可能不采用作为社会控制工具的法律以后,官方法理学的侧重点才发生了转变。在这个重新强调法律理论的过程中,我们必须区分出两个独立的阶段。"④

在第一个阶段,苏联的"统治阶级"被认为是工人阶级,而工人阶级则被宣称为是人民的大多数。有人提出,以无产阶级专政形式组织起来的劳动大众,是为了"彻底和最终摧毁经济生活中资本主义残余的目的"而运用法律武器同其阶级敌人作斗争的。⑤ 上述对阶级统治法律观的重述,仍然保留了法律是阶级斗争的工具和维护阶级利益的手段的含义。

---

① Pavel I.Stuchka,"The Revolutionary Part Played by Law and the State",in *Soviet Legal Philosophy*,ed.by J.N.Hazard,Cambridge University Press,1951,p.20.

② 参见[美]E.博登海默:《法理学:法律哲学与法律方法》,邓正来译,中国政法大学出版社 2017 年版,第 107—113 页。

③ See H.W.Babb,*The Law of the Soviet*,New York,1948,p.50.

④ [美]卡伦·明斯特、伊万·阿雷奎恩·托夫特:《国际关系精要》(第七版),潘忠岐译,上海人民出版社 2018 年版,第 109 页。

⑤ See S.A.Golunskii and M.S.Strogovitch,"The Theory of the Stateand Law",in *Soviet Legal Philosophy*,1995,p.386.

在尼基塔·赫鲁晓夫(Nikita Khrushchev)宣布苏联已成为全民国家(the state of all the people),而且不应当再被认为是无产阶级专政之后,上述法律定义也就丧失了意义。这个宣告对官方法律意识形态的第二次大转变产生了重大的影响。有人在当时宣称,苏维埃法律已经和全体人民的"公意"融为一体了。当时两位学者说:"在我国,随着无产阶级专政历史必然性的消失,苏联法律就不再像早先所描述的那样是工人阶级及其领导下的劳动群众的意志体现,而是全体人民的统一意志的体现。"①这种观点在正统的马克思主义那里很难找到支持,而必须到社会主义者认为是"资产阶级"哲学家的让·雅克·卢梭的学说中去寻找其理论根源。苏联法律思想的这一转变遭到了抨击,苏联的这种转变是同真正的马克思主义有关国家和法律理论不相融合的一种"修正主义"形式。②

就像统治阶级法律观一样,法律消亡的预言在马克思和恩格斯的论著中也无法找到有力的根据。的确,恩格斯曾经预言,未来的社会将会用"对物的管理"取代"对人的统治",而且国家将在这样的社会中"逐渐消亡"。③ 然而,这段文字并没有明确提到法律。虽然恩格斯很可能把国家和法律视为一对在发展和命运上紧密相连的孪生制度,但是恩格斯却从来没有明确做过这样的预设。

与前两种观点一样,这种理论也是早期苏联理论家带头宣传的。尤金·帕舒卡尼(Evgeny Pashukanis)曾用一种原创的和有趣的方法解释了"消亡"的理念。帕舒卡尼提出了这样一个命题,即法律是社会管理市场经济的典型力量。在市场经济中,独立的私人生产者和商品拥有者通过契约交换商品。他论辩说,"这些生产者和所有者的利益常常会发生冲突,而法律的作用就是调

---

① O.S.Joff and M.D.Shargorodskii,"The Signifiance of General Definitions in the Study of Problems of Law and Socialist Legality",*Soviet Law and Government*,Vol.3,No.2,p.1963.

② 参见[美]E.博登海默:《法理学:法律哲学与法律方法》,邓正来译,中国政法大学出版社 2017 年版,第 107—113 页。

③ Engels,*Anti-Duhring*,translated by E.Burns,New York,1934,p.309.

整这种利益冲突。"他认为，"社会主义社会的目的具有一致性，所以也就不再需要法律了。在这样的社会中，有的只是社会的技术性规则，它们被用来实现集体目标，如经济计划规则，而不再需要旨在解决具有不同利益的个人与群体间纠纷的法律规则了。"①

---

① Pashukanis，"The General Theory of Law and Marxism"，in *Soviet Legal Philosophy*，1988，pp. 135－137，154－156，167－170.

第六章　后现代国际法方法:女性主义和国际法第三世界方法

　　国际法新的研究方法不断出现,既给国际法的发展带来前所未有的机遇,也对国际法的合法性、确定性等问题提出了挑战。各种国际法新方法发展了国际法的基本理论问题,尤其是在国际法的性质、渊源、效力、价值等方面。从论证角度看,各种方法从法律规范的外部影响因素出发,多数采取了跨学科的方法,如政治学、社会学、经济学、语言学等方法,着重于动态的立法和司法过程分析。表面上看,很难将这些方法分门别类。但从法理根源上,各种方法最终都可归结为对"应然法"与"实然法"的选择。尽管很多的国际法新方法都建立在实证分析之上,如法律经济分析学派、批判法学派和女权主义国际法学派,但其主要任务是提供价值判断的方法,即建立在"实然法"之上来构建"应然法"。

　　例如,法律的经济分析的一个根本的原则是坚持实证分析,也即它重视经验并分析现实中的世界,反对对世界应当如何(应然)的规范分析。然而,从方法论上,国际法的经济分析方法以国际法立法和司法领域长期忽略的"效率价值"为分析角度,试图对国际立法与司法实践提供指导。因此,实际上该方法立足规范的实证分析,着眼于应然的法律体制。再如,尽管批判法学研究的"正统"学派地位有待确立,但该学说产生的根源实际上可追溯到凯尔森、哈特、波斯纳、博登海默等学者的经典著作。这些著作的共同特点是:法律不再是有唯一、确定答案的方法或是工具,法律应当而且必须从更广泛的社会角度去解读。这种实证分析的方法,或是批判的方法,或是自我反思、解构的方法显然并非批判法学研究首创。不同的是,实在法在实证分析、批判、反思自身的基础上进行了体系的修补或重新构建,而批判法学研究则表现为"无力建构"。①

施瓦曾伯格曾告诫我们:"学者最好推迟方法问题的讨论,直到他接近学术研究的最后阶段。因为方法论问题的探讨所要求的超越和智慧是不可能在早期获得的。"这句话不能理解为方法是研究的结论和终点。在研究的各个阶段,方法对于学科的指导意义是不言而喻的。如果没有正确方法的指引,我们可能无法到达研究的终点。因此,方法论的探讨应当贯穿于学习或研究的始终。同国内法相比,国际法更需要好的方法。国内法的主要法源是制定法与判例,价值判断和实证分析都可以建立在有效的、可以强制执行的法律规范的基础之上。而国际法是一种特殊的法,其在法律渊源、法律效力、法律性质、法律主体等方面都有不同于国内法的特点。② 除少数的多边公约外,国际法大量地表现为双边条约和国际习惯规则,国际法是一门"不成体系"的法律。因此,国际法的研究方法和研究进路直接决定着作为国际法学基础的国际法渊源、性质、效力等理论问题。在某种程度上,对于国际法这门古老而又年轻的法律来说,主张不同的国际法方法便是主张不同的国际法体系和内容。不同的方法也意味着不同的国际法立场。③

---

① 潘德勇:《国际法方法的渊源与发展》,《重庆理工大学学报(社会科学)》2010年第8期。

② 参见潘德勇:《国际法方法的渊源与发展》,《重庆理工大学学报(社会科学)》2010年第8期。

③ 参见潘德勇:《国际法方法的渊源与发展》,《重庆理工大学学报(社会科学)》2010年第8期。

"方法促进了国际法的发展,没有方法和理论,就没有国际法。实际上,关于国际法的实然和应然问题,任何一种方法都无法给出唯一的答案。不同的方法之间因而并不存在绝对的界限,各种方法在批评与斗争中相互取长补短,互通有无,目前很难说哪一种方法或学派是其原本意义上的方法或学派了。"①卡尔·拉伦茨教授在其名著《法学方法论》中指出:"法学之成为科学,在于其能发展及应用其固有之方法。"真理需要不断接近,方法更需要适时调整。时代在发展,作为认识事物的方法也要随之发展,排斥批判或是拒绝对话都会使方法故步自封,无法适应时代变化。对于国际法来说,传统的国际法方法成就了国际法的过去与现在,而国际法"新方法"关乎国际法的未来。②

本章将介绍国际法第三世界方法和女性主义国际法方法,这些方法主要用于应对殖民主义、霸权主义和男权主义的国际法辩论,是前几章所述国际法方法基础上的批判与反思。

第一节　女性主义国际法方法的
产生与发展

女性主义国际法学方法以社会性别分析的方法,批判国际社会的父权制体系,并且试图改变这种现状。国际法的组织性结构使得国际法漠视妇女的权利和法律地位,男性拥有决定国际法内容的话语权。国际法的公/私领域两分法导致妇女被局限在家庭领域,受到家庭权力结构的压制。国际人权法的平等原则、权利的划分等不能彻底地保护妇女的特殊权利。伴随

---

① 潘德勇:《国际法方法的渊源与发展》,《重庆理工大学学报(社会科学)》2010 年第8 期。

② 参见潘德勇:《国际法方法的渊源与发展》,《重庆理工大学学报(社会科学)》2010 年第8 期。

着国际社会的女权运动,女性主义国际法学开始发展为一个独立的学术流派和方法。女性主义是国际法学流派中的"不同的声音"。女性主义国际法学在描述国际法实在法的基础上,对国际法和其他国际法理论进行批判和解构,为国际法的研究和发展提供了独特的视角和理论框架。同时,女性主义国际法学自身也包括了各异其趣的子流派。①

女性主义(feminism)在英语词汇中的基本含义是妇女角色的社会革命,这一概念从产生开始就带有对现有社会制度的批判性和破坏性的意味。女性主义作为一个学理上的概念同时存在于各个学科中。著名的《布莱克法律词典》将"女性主义法理学"(feminism jurisprudence)定义为"研究妇女与法律关系的法理学分支,它包括法律与社会对妇女偏见的历史、这些偏见在现代法律中的消除和妇女法律权利与社会承认的增强"。这一定义将女性主义概括为三段式思维进路的方法。女性主义内部虽然存在各种分支派别,但是它们的出发点都是"女性经验",都是对"男性化的"主流法理学的一种革命。澳大利亚女性主义学者查斯沃斯等人认为,"国际法比其他法律领域对女性主义分析更加开放,在国内法层面,法律与政治的区分是维持法律中立性和客观性的关键,而这种区分在国际法上并不存在相同的权重。"②国际法女性主义所关注的国家间的国际体制以及国际组织的组织结构与国内法女性主义不存在可比性。国内法女性主义关注的女性法律地位一般限于一国管辖范围之内,而国际法女性主义正是要批判国际法的公私划分的二元结构——国际法将妇女权利留给国内管辖。但是,我们不能把国内法女性主义与国际法女性主义割裂开来。因为国际法与国内法存在一个关键的联结点——国家,国家既是国内法的主权者,又是国际法的造法者和主要行为体。如果说国内社会是一种

---

① 参见黄涧秋:《国际法视野中的女性——女性主义国际法方法论述评》,《山西师大学报(社会科学版)》2008 年第 1 期。

② 黄涧秋:《国际法视野中的女性——女性主义国际法方法论述评》,《山西师大学报(社会科学版)》2008 年第 1 期。

父权制社会,那么国际法女性主义所批判的父权制国际社会正是各个父权制结构国家协调意志的产物。①

女性主义也是一种国际关系理论,它以性别角色观照和揭示国际关系的现实,批判传统的父权制的国际关系理论。社会性别是国际关系理论和国家对外政策的一个变量和国际关系研究的基本范畴。女性主义国际关系理论包括了自由主义、激进主义、经验主义、后现代主义等分支,这些分支与国际法女性主义流派也存在很大的对应关系。那么,国际关系与国际法的女性主义究竟是什么关系? 两者是否重叠? 国际法学理论中的国际法/国际关系学派(IL/LR)是一种交叉学科的方法,其基本方法就是将观察国际行为者行为的国际关系理论纳入国际女性主义具有较大的现实批判性,它试图揭示国际法的准则和程序如何反映了男性的统治地位以及试图改变这样的现状。② 女性主义与批判法律研究方法是最为亲近的,因为它们都对国际法的性质和预设、决策者的身份进行挑战和解构。女性主义虽然不是批判法律研究学派的一个分支,但它也采纳了批判法律研究学派的部分观点。而在政治权力不平等分配的重要性上,女性主义与纽黑文学派、法律与经济方法也存在联系。在女性主义看来,国际法的造法过程剥夺了妇女参与的机会,导致国际法的结构反映了男性的支配地位。③

女性主义对国际法与国际治理提出了很多的批判。各种批判都分享着共同的核心命题。其中的核心命题之一是,如果女性被赋予更多的空间来界定国内和国际生活,那么世界将会变得更好——更公平、更和平、更繁荣。因此,现实主义和自由主义女性主义者都呼吁女性更多地参与国内和国际决策,以

---

① 参见黄涧秋:《国际法视野中的女性——女性主义国际法方法论述评》,《山西师大学报(社会科学版)》2008 年第 1 期。

② 参见黄涧秋:《国际法视野中的女性——女性主义国际法方法论述评》,《山西师大学报(社会科学版)》2008 年第 1 期。

③ 参见黄涧秋:《国际法视野中的女性——女性主义国际法方法论述评》,《山西师大学报(社会科学版)》2008 年第 1 期。

及经济生活。例如,自由主义女性主义者要求发展影响女性的组织政策,特别是涉及女性在经济发展中的角色、女性作为战争和歧视的受害者,以及女性在武装冲突中的地位等。①

激进女性主义者也对国际法提出批判,不像那些把国际经济体系结构看作经济关系决定因素的激进主义者,激进女性主义者将问题界定为支配一切的父权制。父权制渗透到国内和国际体系中,例如,它让战争看起来是可取的或理性的。除非父权制被改变,否则战争总是会发生,女性总是处于被支配的地位——成为经济治理新自由资本主义模式的牺牲品,可怜的女性不得不接受全球竞争的蹂躏。②

女性主义批评者也存在于社会建构主义者、后现代主义者和批判理论家之中。对于这些女性主义者来说,性别研究涉及的并不仅仅是看有多少女性处于精英地位,或将那些以女性为对象的项目进行分类。就像建构主义者在更一般的意义上所强调的,事情的意义是通过一种被称作话语的社会互动过程而被确立、支持和改变的。③

例如,根据安·蒂克纳(J.Ann Tickner),经典现实主义是以非常有限的——实际上是男性主义的——人性和权利概念为基础的。她认为,人性并不是固定的和不可改变的,人性是多维的和相对的。权力不能被排他性地等同于控制和支配。蒂克纳认为,所有国际法都必须重新转向更具包容性的权力概念,权力即协同行动(并不仅仅是冲突)或维持共同关系(而不是完全竞争)的一种能力。换言之,权力还可以是一种关联概念,而不仅仅是一种自主概念。④

---

① 参见[美]卡伦·明斯特、伊万·阿雷奎恩·托夫特:《国际关系精要》(第七版),潘忠岐译,上海人民出版社2018年版,第94页。

② 参见[美]卡伦·明斯特、伊万·阿雷奎恩·托夫特:《国际关系精要》(第七版),潘忠岐译,上海人民出版社2018年版,第95页。

③ 参见[美]卡伦·明斯特、伊万·阿雷奎恩·托夫特:《国际关系精要》(第七版),潘忠岐译,上海人民出版社2018年版,第95页。

④ See Ann Tickner, "Hans Morgenthau's Principles of PoliticalRealism:A Feminist Reformulation,Millennium", *Journal of International Studies*, Vol.17, No.3, 1988, pp.429-440.

对于蒂克纳,以及很多女性主义者如辛西娅·安罗(Cynthia Enloe)和克里斯廷·西尔维斯特(Christine Sylvester)而言,话语一直被狭隘的男性视角所主导。这种男性主导不仅影响国际法和政策制定者所认为的重要问题,而且影响一种既定政策被认为有效或无效的评判标准。例如,如果想要从烈度的视角来理解暴力冲突,那么我们可能会认为战斗人员被杀的数量可以构成一种评判标准,以测量既定冲突有多重要。但是,女性主义国际法学者会指出:"强奸在通常并没有导致死亡的冲突是一种非常沉重的代价。如果认为冲突中死亡比强奸更重要,那么我们就会低估像内战和国家间战争这样的暴力冲突的真正代价和后果。对女性声音漠不关心影响了我们所问问题的种类和我们评判答案的方式。"[1]

蒂克纳还认为,很多外交政策目标也被男性化了。例如,男性倾向于从二分法的方式对问题进行界定,性别意味着社会关系的等级,通常使国家毫无根据地或适得其反地将武装冲突看作"安全"的首要核心内涵。某些国家是"阴柔的"或"稚嫩的",因此需要"刚强的"或"成熟的"国家(如英国或德国)来指导或规训。这种情况促使一些国家产生干涉动机(拯救幻想),同时将"有效的"干涉形式引导为:军事力量是高端(男性)形式,外交或经济干涉是低端(女性)形式。与蒂克纳认为女性在国际法中缺席的判断相反,其他女性主义者认为女性事实上一直是关键的参与者。[2] 在安罗看来,问题在于,她们的参与几乎完全没有引人注意。安罗呼吁我们留意,女性的国内角色决定我们对其在国际政治中充当领导者或议程制定者的理解。[3]

甚至今天,与男性相比,女性在国际法中的潜能与可见的参与和领导之间

---

[1] [美]卡伦·明斯特、伊万·阿雷奎恩·托夫特:《国际关系精要》(第七版),潘忠岐译,上海人民出版社 2018 年版,第 96 页。

[2] See Cynthia Enloe, *Bananas, Beaches, and Bases, Making Feminist Sense of International Politics, Berkeley*, University of California Press, 2014, p.232.

[3] 参见[美]卡伦·明斯特、伊万·阿雷奎恩·托夫特:《国际关系精要》(第七版),潘忠岐译,上海人民出版社 2018 年版,第 96 页。

仍然存在巨大差距。或许，最有说服力的观点是："就像在科学、技术、数学和工程学领域那样，两性都分享的正义、和平和繁荣等核心价值观，毫无疑问会因更多女性的积极参与和领导而得到发展。而且，国际法也因各种派别的女性主义者所提出的批判而受益。"①

第二节 女性主义国际法方法的价值与批判

女性主义国际法方法是女性主义法学理论在国际法领域的细分发展。女权主义法学，20 世纪 70 年代到 80 年代伴随着女权运动兴起的，从美国批判法律研究运动分离出来的一种法学思潮。该法学将女性主义与法学相结合，主张女性权利，提倡男女平等，呼吁提高女性地位，特别是在法律职业中的地位。其内部主要有五个派别，包括自由女性主义法学、激进女性主义法学、社会主义女性法学、文化女性主义法学和后现代女性主义法学。该法学方法论致力于纠正性别压迫和性别歧视的社会现实，为争取男女平权作出了重要贡献，对于当今国家的立法与实践有一定影响。

女性主义法学（Feminist Jurisprudence）是西方现代法理学思潮的一个流派，是女性主义与法学相结合的产物。20 世纪 60、70 年代有关女性问题的学说大量出现。女性主义的社会学、哲学、历史学空前繁荣，女性主义法学也于美国应运而生。大多数女性主义法学家都在此期间开始研究法律，从事律师职业、代理妇女参加诉讼，这些经历极大地丰富了女性主义法学学说。受其影响一批学习法律的女性也接受了这种理论，女性主义完成了法学领域的登陆。女性主义法学先与批判法学共熔一炉，借用其一些概念、原理和方法，后与之分道扬镳。因为在批判法律研究及运动中，女性主义法学者发现男性批判法学者同样不顾及女性的愿望和要求，其理论本质上仍然是男性的。女性批判

---

① ［美］卡伦·明斯特、伊万·阿雷奎恩·托夫特：《国际关系精要》（第七版），潘忠岐译，上海人民出版社 2018 年版，第 96 页。

法学者的自觉使她们另起炉灶重构独立的女性主义法学。进入 90 年代,随着第三世界女权运动的推进,女性主义法学进一步多元化,并对法律领域重新审视和批判,通过认识论和方法论的路径进入理论认识的中心。①

"女性主义法学"的首次表达可以追溯到 1978 年的安·斯盖勒在哈佛大学一次"走向女性主义法学"演讲。在女性主义法学代表人物中斯坦福大学法学院教授凯瑟林·麦金侬贡献突出。她首次提出了"性骚扰"的概念并深刻地影响了美国的立法和司法。1983 年麦金侬的两篇文章——《女性主义、马克思主义、秩序与国家:走向女性主义法学》及《女性主义、马克思主义、方法和国家:理论的议事日程》奠定了女性主义法学的基石。其他代表人物有哈佛大学法学院教授米诺、加州大学的奥尔森、马里兰大学法学教授罗宾·威斯特等。这些法学家从不同侧面分析批判美国的法律制度,构筑了女性主义法学的体系。

现在,女性主义法学得到西方理论和实践的认可。"由于当前妇女在法律职业中的努力,一种迅速发展的、有活力、有前途的理论正在形成,它不仅会影响未来的妇女权利,而且也会影响未来我们对法律实体的看法,这就是女性主义法学……它是发生在美国历史上最富有创造力的法律思潮。"②女性主义法学产生于女性主义第二次浪潮后。女权主义的第一次浪潮发生在 19 世纪末延至 20 世纪 60 年代。这一时期的特征是争取妇女的权利和强化参政意识,所强调的重点是社会的、政治的和经济的改革。其主要代表人物有英国的弗吉尼亚·伍尔芙、法国的西蒙娜·德·波伏娃等。"第二次高潮的掀起使得女权运动及其争论的中心从欧洲逐渐转向北美,其特征也逐渐带有了当代批评理论的意识形态性、代码性、文化性、学科性和话语性,并被置于广义的后现

---

① 参见［美］朱迪斯·贝尔:《女性的法律生活——构建一种女性主义法学》,沈明、熊湘怡译,北京大学出版社 2010 年版,第 10 页。

② 吕世伦主编:《现代西方法学流派》(下),中国大百科全书出版社 2000 年版,第 1090 页。

代主义的保护伞下。"①

方法论在女性主义法学中具有重要意义。"女性主义不能忽略方法……方法之所以重要也是因为没有对女性主义方法的理解，法律领域中女性主义的主张将不能被认定为合法正确的"②。具体而言，女性主义法学的方法论主要有：意识觉醒的方法、实际推理的方法和询问妇女问题的方法。女性主义法学方法论挑战传统思维方式，反对事物发展的规律性，主张真理的多元化，反对以一成不变的观点看待妇女问题。询问妇女问题和意识觉醒的方法则主张从妇女的视角看待妇女问题。③

女性主义法学方法论的另一特征是以解构主义（去中心化）、后现代主义为其哲学基础。解构主义反对结构主义认为的语言和文化中存在着某些固有的结构体系或"中心"，也反对任何新的等级化。解构主义得到美国女权主义法学的积极声援，认为它可以帮助女性认识到女性性别及其各种文化符号的表达是社会和历史的产物而非恒定不变的。解构主义对女性主义法学的理论建构产生了一定的影响。女性主义法学家琼·斯科特认为，"我们需要一种用于分析所有父权制现象的理论，它不仅能说明父权制的连续性，而且能说明其变化性；……后结构主义最适合这些要求。"④当然，解构主义过分强调相对性也同样给女权主义带来威胁。因此，"女性主义必须重写解构，而且这种重写将必然改革女性主义"。⑤

自20世纪80年代以来，女性主义法学将后现代主义认识论作为其理论基础。"女性主义已在许多领域用批判的眼光检验她们自己的关于人类知识的性

① 林达·尼克尔森编：《女性主义/后现代主义》，路特利出版社1990年版，第34—35页。

② Katharine T.Bartlett，"Legal Methods"，*Harvard Law Review*，Vol.103，No.4，1990，p.56.

③ 参见王治河：《扑朔迷离的游戏——后现代哲学思潮研究》，社会科学文献出版社1998年版，第25页。

④ Joan W.Scott，"Deconstructing Equality－verses－Differene：or the Use of Post－structuralist Theory for Feminism"，*Feminist Studies*，Vol.14，No.1，1998，p.86.

⑤ Mary Poovey，"Feminist and Deconstruction"，*Feminist Studies*，Vol.14，No.1，1998，p.99.

质和这些知识的社会作用的假设,这种检验来自女性主义对主流认识论的批评及基于这种认识论之上的科学、道德和政治的批评,在这些批评中,一个源于后现代理论的核心观念就是知识的社会构成和它的必然的相互依赖性。"①

虽然女性主义国际法学存在不同的分支流派,但是,它们的思维进路大都具有一个共同点:以性别角色对国际法的现状进行批判是女性主义思维进路的起始阶段。大多数女性主义都认为:"多样化的声音在把握女性经验或性别歧视的现实上是必需的。各种女性主义者共同提出对法律的广泛的批评和法律变革的建议。所有的女性主义方法都揭示出妇女的局外人地位,它们都需要挑战和破坏占支配地位的法律传统和发展出更好地考虑妇女经验和需要的替代传统的方法。"②从总体上看,女性主义对国际法现状的批判并不是局限于国际法的个别领域或个别规则,而是着眼于国际法的结构性问题,包括组织性结构(organizational structure)和规范性结构(normative structure)。③

因此,我们可以认为女性主义对国际法的批判是解构性的。国际法组织性结构的现状包括两个方面:国际法的主体结构和国际法的造法性组织结构。这两个方面是相互联系在一起的。就国际法的主体结构而言,虽然个人(包括妇女)已经在部分领域(例如国际人权法、国际刑法)成为国际法的主体,但是国际法的基本主体仍然为国家。国际组织在一般意义上也被承认为国际法的主体,但是,国际组织毕竟是派生于国家的主体,其独立意志仍然来自于成员国的授权。因此,国际法下的国际体制仍然是以国家间体制为其主体性构造。在这样的主体结构中,妇女的权利很难在国际法上获得其独立的地位,妇女的权利将被国家这个盾牌排除在国际法的视区之外。虽然

---

① Susan H.William,"Feminist Legal Epistemology",*Erkeley Women' Law Journal*,No.3,1993,p.45.

② Katharine T.Bartlett,"Feminist Legal Methods",*Harvard Law Review*,Vol.103,1990,p.831.

③ See Katharine T.Bartlett,"Feminist Legal Methods",*Harvard Law Review*,Vol.103,1990,p.831.

国际人权法的出现限制了国家的主权,使得国家境内的事务成为国际社会关心的对象,但是,国际人权法将继续以其他方式来维持国家的中心地位。① 国际人权法赋予妇女权利与国家义务以相互对立的法律关系地位,但是,妇女个人或群体并不足以在国际法层面上与侵犯她们权利的国家相互对抗。因为,在目前的国际人权法实施机制中,妇女个人的国际程序能力仍然非常单薄。

在国际层面,国家保护妇女权利的义务主要受控于国家间的相互对话和监督机制。假设世界上大部分国家都是父权制政治结构,那么这种国家间的相互对话和监督机制必定会继续漠视妇女的权利和法律地位。并且,国际法上的国家承认制度也不阻碍国家大范围地侵犯妇女的权利。没有一个国际法律机制会基于性别歧视的原因而否认一个国家全面参加国际体系。② 在这一方面,国际社会更多地关注种族歧视、种族隔离,种族歧视或种族隔离行为更容易引起国际社会的制裁甚至对国家法律人格的否认(例如南非、南罗德西亚)。国际法上的国家四要素仅仅强调了国家对居民、领土的控制,而不涉及国家对待居民中的妇女权利的价值判断。在国际法的造法性组织结构中,国家也占据中心地位。无论是条约还是习惯都反映了国家的协调意志。女性主义对国际法造法性组织结构的批判也集中在国家间意志的形成机制上。各国政府的权力结构的男性化决定了国际法的内容对妇女权利的漠视,因为各国政府都是父权制的结构,它们通过对国内立法的垄断来维持这种父权的控制。通过国家意志的中介,国际法的造法同样受到父权制权力结构的控制。在这一点上,女性主义国际法学采用了实际推理(practical reasoning)的方法:法律

① See Rosa Ehrenreich Brooks, "Feminist Justice, at Home and Abroad: Feminism and International Law: An Opportunityfor Transformation", *Yale Journal of Law and Feminism*, Vol.14, 2002, p.348.

② See Rosa Ehrenreich Brooks, "Feminist Justice, at Home and Abroad: Feminism and International Law: An Opportunityfor Transformation", *Yale Journal of Law and Feminism*, Vol.14, 2002, p.348.

问题的解决方式依靠对具体问题的实际考察,而不是进行静态的推理和选择,因为法律决策的制定对具体问题更加敏感。女性主义实际推理方法对通过共同体诉求的规则的合法性提出挑战,认为没有一种法律推理可以独立于过去或独立于共同体的规则,因为法律经常被设置于实践和价值的语境中。①

简言之,女性主义实际推理方法认为,共同体制定的法律总是试图反映权力结构,受权力结构控制的共同体不具有代表所有人利益的特权。法律总是反映一部分决策者的利益,因此不存在一个抽象的共同体和抽象的正义。日常生活的实践性不能为抽象的正义所忽视。而在事实上,共同体的概念因为父权制的权力结构而掩盖了妇女权力受到法律漠视的非正义。这在国内法和国际法的造法过程中都是相同的。国家的父权制结构的基础通过主权平等、政治独立、领土完整、使用武力维持这些属性的国际法律原则得到增强。② 由于主权平等等原则的制约,国际法的造法性组织结构不能动摇国家的父权制。国际社会也不存在一个代表所有人说话的共同体,各国的协调意志同样反映了父权制的权力结构。妇女在各国政府和外交机关中很少担任高级职务,由于缺乏在国际关系中的代表性,国际法的造法权力基本上被男性所独占。国际组织是国家集体活动增多的产物,具有国家合作的职能。虽然在一般意义上,国际组织没有针对国家的单方面立法权,但是国际组织可以起草条约草案、作出内部性决议、监督国际条约的履行、对国际争端作出有拘束力的裁决。与国家的政治权力结构相同的是,妇女在国际组织中的代表性也非常低。那么,女性主义者为什么关心国际法律秩序中的主要机构被男性所占据的事实?澳大利亚学者查斯沃斯等人认为,男性对运用国内/国际政治权力的机构的长

---

① See Katharine T.Bartlett, "Feminist Legal Methods", *Harvard Law Review*, Vol.103, 1990, p.831.

② See Hilary Charlesworth, "Christine Chinkin and Shelley Wright, Feminist Approaches to International Law", *American Journal of International Law*, Vol.85, 1991, p.644.

期控制地位意味着传统上男性关注的问题被视为所有人关注的问题,而妇女所关注的问题被降低为一种特殊的、有限的种类。① 也就是说,在这种现实情况下,男性的经验将被视为人类的普适性经验,国际法按照男性看待妇女的方式来看待妇女。因此,国际法组织性结构的现实决定了国际法在内容上对妇女权利的漠视。②

对于澳大利亚学者关于妇女代表性问题的批评意见,美国学者特森(Teson)则认为过于激进。特森发现,查斯沃斯等人对于妇女的地位使用"沉默""看不见的"的表述,而不使用"非正义的"。特森认为,"在妇女的代表性问题上应当对合法/非法政府、政府/国际组织区别对待。对于纠正妇女作为国家代理人的低代表性而言,给国家课加非歧视和机会平等的义务是唯一途径。但是,妇女作为国际组织的常设职员与国家代理人有所不同,前者应给予更多的力量进行调整,例如联合国寻求其行政职员的性别平衡的努力是正确的。因为,在国际组织的问题上,没有对抗合法性主权原则,如果国际组织以性别平衡来雇佣职员,那也不损害在合法国家中的个人或集体选择。"③通过两相比较,我们可以发现特森是一种自由主义女性主义的观点:"对于妇女在国内政治机构中的代表性应追求机会平等,而不是结果平等;只要国内政府是一个尊重个人选择的民主政府,其选举结果就是正义的,国际法不应当排斥国内的选举安排;而国际组织的任职机制与国内政府有本质的区别,国际组织职员与国际组织的国际公务员关系可以通过合同而产生,而这种合同又主要服从国际组织的内部法,人为地实现性别平衡是允许的。"④

---

① See Hilary Charlesworth,"Christine Chinkin and Shelley Wright,Feminist Approaches to International Law",*American Journal of International Law*,Vol.85,1991,p.644.

② 参见黄涧秋:《国际法视野中的女性——女性主义国际法方法论述评》,《山西师大学报》(社会科学版)2008年第1期。

③ 黄涧秋:《国际法视野中的女性——女性主义国际法方法论述评》,《山西师大学报》(社会科学版)2008年第1期。

④ 黄涧秋:《国际法视野中的女性——女性主义国际法方法论述评》,《山西师大学报》(社会科学版)2008年第1期。

从逻辑上看,国际法的组织性结构将决定国际法的规范性结构的基本样态和走向。在女性主义看来,国际法的内容给予男性以特权,在这一点上,国际法的内容被性别化了。国际法上的主权平等原则和不干涉原则使得国家成为压迫妇女的工具。① 按照上述关于国际法主体结构论述的推论,由于国家这一屏障的存在,国际法不能介入国家内部的父权制政治。国家在国际法上不是一个自然概念,但是国际法关于国家四要素(领土、居民、政府、主权)的规则并没有涉及对国家的父权制的价值判断。激进的女性主义学者认为国际法是完全被性别化的。但是,我们不能不看到国际法是一个庞大的体系,其中有些规则是没有人文色彩的纯技术性规则。

从国际法的外部界限上看,现代国际法的范围被局限在公法领域,国际法在一般情况下就是指国际公法,而与此相对应的是,国际私法调整国家之间的法律冲突。公/私领域划分在国际法内部的意义是:国家国内管辖的事项在国际法上是属于该国家的“私事”,而国际社会对此没有需要被国际法调整的利益。本书以为,国际法之为国际公法不足以成为女性主义批判的对象。因为这仅仅反映了国际法发展的历史,并不能代表国际法不能涉足“私”的领域。传统国际法就是调整国家之间的关系,既然国家之间的关系应当是“公”的关系,国际法就被看作是国际“公”法。国际(公)法与国际私法之间并不是相互分工、相互独立的法律部门,它们之间存在着交叉关系。因此,我们不能把国际法主要调整国家之间的关系直接视为国际法就是排斥或忽视私的领域。但是,国际法主要调整国家之间关系这一事实不应当限制国际法未来的调整范围。国际法的触角应当深入掩藏在国家背后的妇女问题。国际关系不仅仅是国家之间的关系。“个人的即是国际的”,女性主义者挑战了国家在国际政治中的中心地位,将“人”放在国际政治舞台的中心,在社会性别的视角下,既看

---

① See Fernando R.Teson,“Feminism and International Law:A Reply”,*Virginia Journal of International Law*,Vol.33,1993,p.655.

到了男子的中心地位，又看到了妇女遭受忽视的历史轨迹。① 国际政治不仅仅限于军事、安全等"高级政治"，而且私人领域与其他政治问题是相互影响的。正如1993年《联合国消除对妇女的暴力行为的宣言》所宣称"对妇女的暴力行为是实现平等、发展与和平的障碍"，对妇女权利的保护与维持国际和平是密不可分的。②

在传统的知识体系中，公共领域与私人领域是二元对立的关系，而后者处于从属的、次要的地位。具体说来，公共领域主要包括政治、政府、权力、理性，而私人领域主要包括家庭、健康、抚育等。公共领域体现了男子的性格，而私人领域体现了妇女的性格。这种两分法也被应用于国际法的结构中，国际法的符号系统和文化渗透了性别价值，这又反过来增强了男性/女性两分法的陈规。③ 例如，1984年《禁止酷刑公约》对酷刑的定义仅仅限于公共领域的行为，针对妇女的性侵犯只有在它与公共领域联系起来时才被视为侵犯人权。也就是说，虽然国际法已经开始保护妇女的权利，但是，国际人权的传统架构仍然是把人权的义务主体限定为国家，在私的领域发生的人权侵犯不是国际人权法所调整的对象。法律的控制手段一般被局限在公共领域中，而对发生在家庭中等私人领域的暴力等事件不闻不问。

公/私领域的划分在国内法、国际法上具有双重的意义。在国内法上，公/私领域的两分法意味着"家庭自治"，家庭是一个相对封闭的社会单位，法律不介入家事。法律的触角止于家庭，这使得妇女受男性控制被合法化了，家庭自治被保留在家庭的权力结构之内。例如，隐私权从表面上看来是为了促进妇女的身体自治，但它反过来又保护了私领域压制妇女的行为。与此相类似的是，不干涉原则意味着国际法把国家国内管辖的事项看作是国家的"家

---

① 参见李英桃：《西方女权主义国际政治理论述评》，《美国研究》2001年第4期。

② 参见李英桃：《西方女权主义国际政治理论述评》，《美国研究》2001年第4期。

③ See Hilary Charlesworth，"Feminist Methods in International Law"，*American Journal of International Law*，Vol.93，1999，p.382.

事",它不受国际法的调整。女性主义学者认为,"妇女被强制性地局限在私人领域,而这对于妇女来说是不公正的。公/私领域两分法是一种观念结构,它使得妇女的工作被限于琐碎的、低级的从事生育后代、照料小孩、家务劳动的家庭领域,而不能涉足商务、政治生活等公共领域。在家务或社区从事的无偿性劳动被列为非生产性、非职业性、无经济活力的工作。公/私领域的划分导致了法律的性别化,妇女被贴上了社会偏见的标签。特别是在后现代女性主义看来,男女之间本来没有鲜明的社会差异,他们的社会性别原本不是天然生成的,而是后天造就的。"①女性主义的任务就是要解构法律的公/私两分,还法律以中性化的面目。

相比国际法的其他部门,国际人权法是一个特殊的部门,它直接赋予个人包括妇女以人权,而不仅仅直接调整国家之间的关系。但是,在女性主义者看来,现行的国际人权法(包括国际人道主义法)在充分保护妇女权利和地位方面仍然存在诸多不足。与国际人权中的实体性权利相比,平等权更多地体现为一种人权保护的基本原则。因此,对平等权的关注具有宏观和普遍的意义。1980 年《消除对妇女一切形式歧视公约》在政治和公共事务、国籍、教育、就业、保健等方面要求缔约国给予妇女与男子平等的权利。女性主义学者对这种平等权提出了质疑:女性是否应当需要男性已经拥有的东西? 男性的人权标准是否女性的正确的标准? 对于男女平等—这一传统问题,不同的女性主义学派持有不同的观点。

自由女性主义假设国家是一个中立的行为者,能够平等地对男女执行法律。文化女性主义指出男女在本质上存在固有的差别,女性的道德选择、正义观等等不同于男性。因此,文化女性主义与自由女性主义的分歧集中在法律平等上:前者要求法律的发展应考虑女性的经验和承认女性独特的道德观和表达方法。例如现行的司法体制在等级制组织、对抗制、解决纠纷的抽象方法

---

① 郭夏娟:《女性主义国际政治学方法论》,《世界经济与政治》2003 年第 12 期。

上体现了男性的表达方法。而支配女性主义（Dominance Feminism）比前两者更为激进：前两者都是利用男性中心的结构作为识别歧视的基础。只要男性的权力和性别特征限定了妇女存在的基础，妇女将不会享受到自由和平等。支配女性主义要求的是实际的社会、法律、经济的平等，而不仅仅是模糊的机会平等的保障。① 从总体上看，自由女性主义关注妇女与男性之间的机会平等，要求国家消除影响妇女获得机会平等的障碍。支配女性主义更为强调妇女在结果上的平等，妇女在家庭事务承担更多的社会责任使得妇女无法在公共事务、就业等领域与男性平等竞争。也就是说，支配女性主义具有更大的革命性，它主张打破现有社会分工的陈规，或者由国家给予妇女补偿，由社会分摊妇女的家庭责任，以纠正抽象的法律平等。抽象的法律平等原则仅仅要求国际社会在一般性的人权公约中载入不歧视条款。从现有的国际人权公约的体系看，国际人权法中出现了一系列妇女权利的专门性公约，它们要求国家在保护妇女权利上承担特殊的义务，这也正表明了它们旨在保证妇女权利在事实上与男性平等。

在国际人权理论上，公民权利、政治权利与经济、社会、文化权利是两代人权。这两代人权在产生历史、国家义务等方面均有所不同。相比之下，西方国家更为重视对公民权利、政治权利的保护。这也是女性主义批判的对象之一。公民、政治权利最符合男性政治精英们的需求，而这些权利正是诸多人权公约认为最重要的权利。对于妇女来说，这些公民、政治权利很难清楚地与经济、社会、文化权利分割开来。更重要的是，公民、政治权利往往与底层的人们相隔绝。② 可以设想：当广大妇女们受困于家庭生活的烦琐、劳累之中，为了生计而四处奔波时，她们根本无暇顾及"奢侈"的公民、政治权利。也就是说，目

---

①　See R.Christopher Preston, Ronald Z.Ahrens,"United Nations Convention Documents in Light of Feminist Theory", *Michigan Journal of Gonder & Law*, Vol.8, No.1, 2001, p.23.

②　See Rosa Ehrenreich Brooks,"Feminist Justice, at Home and Abroad: Feminism and International Law: An Opportunity for Transformation", *Yale Journal of Law and Feminism*, Vol.14, 2002, p.348.

前对妇女的压制主要体现在经济、社会、文化权利领域。虽然国际社会也通过了《经济、社会、文化权利国际公约》,且《消除对妇女一切形式歧视公约》同时涉及上述两代权利,但是,国家在这些公约下的义务程度是非常宽松的,只需要承担"采取步骤逐步实现"的义务。国家在这两代权利下的义务性质是不同的。对于妇女的公民、政治权利,国家主要承担消极的、不干涉的义务。妇女在现实生活中面临着大量的来自私人暴力的侵犯,面临着严重的饥馑问题,这些都需要国家在人权保护上承担更多的提供救济和资源的义务。

与人权法相比,国际人道主义法属于战时的人权法,适用于武装冲突的情形。女性主义反对人权法与人道主义法的两分法,因为这将引起许多异常和不协调的结果。[①] 根据1995年《联合国第45次人权发展报告》,妇女占常规武装人员的2%,而另一方面,妇女作为平民又不成比例地承受了来自武装冲突的痛苦。国际人道主义法的实施机制不同于人权法的特点是前者受国际刑事司法体制的保障。但是,《日内瓦第四公约》第27条要求国家在国际武装冲突中保护妇女的目的是为了维护她们的尊严。在国际刑事司法的实践中,对妇女身体的暴力从属于集体的尊严。因此,国际刑法也包含了公/私两分法的问题:它作用于集体的公共领域,而不触及个人的私人领域。这种划分具有性别的后果。[②]

总之,"女性主义方法试图揭露和质疑国际法要求客观和公正的有限基础,并坚持将性别关系作为一种分析类别的重要性"。这里的"性别"一词指的是对男女差异的社会建构,以及"女性气质"和"男性气质"的观念——与生理性别相关的过多的文化包袱。哲学家伊丽莎白·格罗茨(Elizabeth Grosz)

[①] See Steven R.Ratner, *The Schizophrenias of International Criminal Law*, *Tex*.Intl.L.J, No.33, 1998,p.237.

[②] 参见黄涧秋:《国际法视野中的女性——女性主义国际法方法论述评》,《山西师大学报》(社会科学版)2008年第1期。

指出,"女性主义理论通常需要在两个目标之间实现一种不明确的平衡。"女性主义的分析立刻是对"特权知识和历史主导知识的压倒性的男子气概的一种反应,作为一种平衡因男性垄断知识的生产和接受而导致的失衡",也是对女性主义斗争的政治目标的一种反应。一方面,女性主义方法要求"智力上的严谨性",调查传统经典中隐藏的性别。另一方面,女性主义方法需要致力于政治变革。"两者之间的紧张关系导致了女性主义理论家的批评,既来自男性学院缺乏公正的学术和客观的分析,也来自女性主义活动家的批评,通过参与男性结构的辩论,由男权力量征用。"①

女权主义方法论挑战了许多公认的学术传统。例如,他们可能清楚地反映一种政治目的,而不是努力在中立的基础上获得客观的真相。与此同时,大多数女权主义者受到环境的限制。如果我们想要实现变革,我们必须学习和使用占主导地位的语言和方法。在女权主义学界,有一种倾向,把理论家分成固定的类别,如"自由主义""文化主义""激进主义""后现代主义"和"后殖民主义"。但当面对一个具体的问题时,似乎没有单一的理论方法是适当的。挖掘这些问题需要一系列的女性主义理论和方法。从这个意义上说,女权主义的探索可以被比作考古挖掘。要揭示的实践、过程、符号和假设有不同的层次,不同的工具和技术可能在每个层次上都是相关的。②

但是,总的来说,当妇女在国际法中受到关注时,她们往往被视为受害者。黛安·奥托(Dianne Otto)指出,这份女性主要生活经历的清单"简明扼要地概括了女性的主要可能性:母亲的传统角色仍然是核心,但现在由于自由市场经济中角色的增加而得到增强。"国际法律论述建立在一系列区别之上:例如,

① Hilary Charlesworth,"Feminist Methods in International Law",*The American Journal of International Law*,Vol.93,No.2,1999,pp.379-394.

② See Hilary Charlesworth,"Feminist Methods in International Law",*The American Journal of International Law*,Vol.93,No.2,1999,pp.379-394.

客观/主观、法律/政治、逻辑/情感、秩序/无政府、心灵/身体、文化/自然、行动/被动、公共/私人、保护者/受保护者、独立/依赖。女权主义学者已经注意到这些二元对立的性别编码——第一个词代表"男性"特征,第二个词代表"女性"。同许多其他知识体系一样,国际法通常更重视第一项而不是其补充条款。卡罗尔·科恩(Carol Cohn)对北美国防和安全事务分析师进行了一项"参与式观察"研究,她写道:"在国家安全话语中,神职人员的想法、担忧、利益、信息、感受和意义被标记为女性化,并被贬低。"因此,它们既难说又难听,甚至是非法的。①

女权主义者在国际法上的第二个方法论问题是如何应对妇女之间的内部差异。国际法所主张的一般性和普遍性,在一个由将近200个不同的民族和更多的文化、宗教和语言组成的国际社会中可能显得极为不协调。因此,《消除对妇女一切形式歧视公约》的抽象承诺将在很大程度上不同的情况下得到落实,从不允许妇女投票的政治制度到更微妙的歧视制度。事实上,正如钱德拉·莫汉蒂所指出的:"女性是通过阶级、文化、宗教和其他意识形态制度和框架之间的复杂互动而构成的。"②

在国际背景下,人们提出了各种不同的方法来探索女性主义。例如,伊莎贝尔·甘宁(Isabelle Gunning)描述了一种"世界女性"的技巧,它需要"多文化对话,并共同寻找重叠的领域、共同的关注点和价值观"。特别是在讨论其他文化中的人权问题时,甘宁曾如此建议女性主义国际律师:"第一,要清楚自己的历史背景;第二,要了解如何参与人权事务的妇女可能会看到这些;第三,认识到其他女性处境的复杂性。"反过来,罗西·布拉伊多蒂认为,女性主义者应该使用"多元文化"来参与全球范围的事务,女性主

---

① See Hilary Charlesworth, "Feminist Methods in International Law", *The American Journal of International Law*, Vol.93, No.2, 1999, pp.379-394.

② Hilary Charlesworth, "Feminist Methods in International Law", *The American Journal of International Law*, Vol.93, No.2, 1999, pp.379-394.

义这种技巧要求"能够以不同的风格,从不同的学科角度,如果可能的话,用不同的语言进行对话。"布拉伊多蒂建议国际舞台上的女性主义者"放弃共同语言的梦想",接受我们只能"在具体问题上达成暂时的政治共识"的事实。①

莫汉蒂提出了女权主义者处理国际问题的另一种策略。第一,女性主义国际律师必须意识到其经验的局限性,即警惕以自己的生活为基础构建普遍原则。第二,提出问题和挑战关于国际法的假设的技巧可能比产生关于妇女压迫的宏大理论更有价值。第三,国际律师必须认识到种族主义和经济剥削对世界上大多数妇女所起的作用,他们应该关注"多重的、流动的支配结构,这些结构交叉在特定的历史节点以不同的方式定位妇女",而不是援引"一种普遍的父权观念,以一种超历史的方式运作,使所有妇女处于从属地位"。这就需要对各种压迫制度的形式和交叉点有所了解。哈拉维(Donna Haraway)曾观察到这项任务的困难:"女权主义理论把种族、性别和阶级分析地放在一起似乎是非常罕见的。"

与此同时,她也承认,"在政治危机的即时性之外,有关性别和性的观念可以对传统知识体系的权威构成有益的挑战。"内部冲突中侵犯人权的个人问责女权主义国际律师如何处理武装冲突中侵犯人权行为的个人问责这一具体问题? 有相当多的经验证据表明,妇女受到武装冲突的影响,妇女和女孩是这种暴力最明显的对象。在全球范围内,妇女仅占正规军队人员的2%,但作为平民,她们在武装冲突中遭受的伤害更大。例如,妇女和儿童占非洲冲突地区受害者的大多数在乌干达北部,年轻女孩被绑架,成为与穆苏韦尼总统的政府军作战的上帝抵抗军指挥官的"妻子"。在难民营中,妇女往往负责收集食物、燃料和水,这就要求她们冒险离开相对安全的难民营,从而冒着被叛军、政府军士兵强奸、酷刑和被地雷炸死的风险,妇女较低的社会地位也不利于她们

---

① See Hilary Charlesworth, "Feminist Methods in International Law", *The American Journal of International Law*, Vol.93, No.2, 1999, pp.379-394.

在武装冲突期间和之后进行的"救援"行动。例如,在索马里,救济机构在决定分发食品和药品时,经常咨询"户主",而这些户主通常被认为是男性。在乌干达,经历了几十年冲突的妇女幸存者声称,在救济工作中生殖健康没有得到充分照顾,对妇女的暴力行为被更广泛地描述为"国际社会现在面临的最严重和最普遍的侵犯人权行为之一"。非政府组织特别记录了波斯尼亚和卢旺达武装冲突期间针对妇女的大规模暴力行为,以及这些国家的政府、国际捐助者、人道主义组织的重建和发展机构在"战后"对妇女需求作出回应的失败。①

是否以及如何对在国内冲突中侵犯人权的个人追究刑事责任,已越来越多地引起国际律师的关注。引起这些问题的原因是,国际社会紧张局势的主要公开表现形式已从国家之间的战争转为国家内部的武装冲突。女性主义方法论为分析这一领域的国际法提出了哪些方向? 在一个层面上,关于前南斯拉夫和卢旺达问题的特设法庭和国际刑事法院的规约中承认妇女的生命和使用性别词汇可能表明是激进主义女性主义者对法律产生了进步的影响。在另一个层面上,似乎即使是"新的"国际刑法也主要是一种以人的生活为基础的制度。国际法传统上将适用于武装冲突时期的个人行为原则(国际人道主义法)与适用于和平时期的个人行为原则(人权法)区分开来。这种二分法导致了许多反常,从女性主义者的角度来看,这种区别使得以战士荣誉准则为基础的国际人道主义法可以排除与战士种姓无关的问题。如上所述,人权法虽然比《国际人道主义法》的覆盖面更广,但对妇女普遍面临的伤害所作出的反应比男子受到的伤害更有限。国际刑法是国际人道主义法和人权法的混合体。在很多方面,它结合了两种传统的性别盲点。②

从女性主义的角度来看,"侵犯人权"是一个有争议的范畴。国际法对人

---

① See Hilary Charlesworth, "Feminist Methods in International Law", *The American Journal of International Law*, Vol.93, No.2, 1999, pp.379-394.

② See Hilary Charlesworth, "Feminist Methods in International Law", *The American Journal of International Law*, Vol.93, No.2, 1999, pp.379-394.

权的一般理解的分析表明,人权的定义是有限的、以男性为中心的人权法对妇女的限制在《国际人道主义法》范围内加剧。以它处理强奸和性侵犯的方式为例。《日内瓦第四公约》第 27 条规定,各国有义务在国际武装冲突中保护妇女,"使她们的名誉不受任何攻击,特别是不受强奸、强迫卖淫或任何形式的不雅攻击"。该条款假定应保护妇女免受性犯罪的侵害,因为性犯罪涉及妇女的荣誉,从而强化了妇女是男子财产的观念,而不是因为性犯罪构成暴力。《第一号附加议定书》用妇女应"是特别尊重的对象"的概念取代了妇女荣誉的说法,妇女荣誉意味着妇女在生育中的作用是其特殊地位的来源。

　　另一个通过人权法纳入国际刑法的公/私区分是国家行为与非国家行为之间的区别因素。当将这种二分法与针对妇女的暴力的现实联系起来时,就有了性别方面的区别。值得注意的是,国际刑事法院规约对酷刑的定义比《禁止酷刑公约》更为广泛,完全没有提及公职人员的参与。然而,史蒂文·拉特纳(Steven Ratner)提出,基于"官方"参与的某种区分,可以作为一种有用的标准,来区分哪些违反人类尊严的行为应该引起国家和个人的国际刑事责任,哪些不应该引起国际刑事责任。从女权主义者的角度来看,问题不在于划分公共/私人或规范/非规范的区别,而是通过使用这些区别来加强性别不平等。①　那么,我们需要关注国际法中划界的实际操作,以及划界对女性和男性生活的影响是否不同。例如,在国际法中将某些强奸定义为公开的,其后果是使私下的强奸在某种程度上显得不那么严重。这种区分不是通过参考妇女的经历,而是通过对男性主导的公共领域的影响。在武装冲突中对妇女人权的法律保护中可以确定的另一种沉默是几乎只关注性暴力。武装冲突在许多方面加剧了男女在全球范围内的不平等地位。②　例如,我们知道,冲突造成的粮

---

①　See Hilary Charlesworth,"Feminist Methods in International Law",*The American Journal of International Law*,Vol.93,No.2,1999,pp.379-394.

②　See Hilary Charlesworth,"Feminist Methods in International Law",*The American Journal of International Law*,Vol.93,No.2,1999,pp.379-394.

食和医疗短缺给妇女带来了特殊的负担。当食物匮乏时,营养不良的妇女比男子多,这往往是因为文化规范要求男子和男孩比妇女和女孩先吃东西,妇女经常得不到对冲突受害者的人道主义救济,因为通常由男子负责分发在武装冲突之前、期间或之后的食物,实施的经济制裁对妇女和女童也产生了特别的影响,她们在穷人中所占比例特别高,尽管这些做法对妇女的影响很大,但在国际法上却并不被理解为侵犯人权。①

第三节　国际法第三世界方法兴起与贡献

国际法第三世界方法(Third World Approaches to International Law, TWAIL)作为国际法新方法学派的典型代表,是一种重要的国际法研究方法,但它长期以来被排斥在国际法的主流学说之外。它以第三世界国家和民族的立场,以国际法历史发展为视角,以怀疑论的解释学对现代国际法的欧洲中心主义倾向进行了重新的审视和批判。同时,对国际法的构建提出了积极的设想。然而,国际法主流学派并不承认甚至漠视国际法第三世界方法,主要是因为它对国际法的解构揭示了国际法内部的矛盾性。②

国际法第三世界方法是在第二次世界大战后随着反殖民运动和第三世界国家的兴起而逐渐形成和发展起来的。国际法第三世界方法发展的第一阶段,也称第一代国际法第三世界方法,主要是从第二次世界大战结束后到20世纪70年代,它主要侧重于对现代国际法谱系学和其所谓的欧洲中心论的研究,尖锐地批判了当代国际法不公平和具有剥削性的本质。国际法第三世界方法发展的第二阶段即第二代国际法第三世界方法,是从20世纪70年代至

---

① See Hilary Charlesworth, "Feminist Methods in International Law", *The American Journal of International Law*, Vol.93, No.2, 1999, pp.379-394.

② See Raibhaia Povertyissi, "Unmet Challenges Facing American Trade Law Ⅱ", *International-Lawyer*, Vol.36, No.4, 2002, p.171.

今,它认为全球化的发展并没有改变第三世界国家在国际政治、经济中的劣势地位,欧美发达国家更趋向于制定统一的全球化的国际法规则和标准,利用其在国际机构中的权力优势,控制其他第三世界国家,维护西方国家的既得利益。它努力在全球化的背景下,把国际法压制性的话语体系改变成解放性的话语体系。①

很多国际法第三世界方法的学者对这一概念提出了不同的理解和认识。美国奥尔巴尼大学法学院教授詹姆斯·盖提(James Gathii)教授认为,"国际法第三世界方法就是运用殖民主义的历史对南方国家施加国际法的影响,消除普遍的国际法律制度对第三世界的控制,并且关注国际资本和非欧洲文化传统的相互关系。"美国纽约州立大学法学院教授马卡·莫塔(Makau Mutua)教授认为,"从根本上,它是一种寻求对国际法产生影响的国际法重构运动,该方法有三个基本的目标,即理解和揭示国际法规范和制度的等级性,为国际治理提供可选的法律规范以及通过政策和政治根除第三世界不发达的环境。"安德鲁·桑特(Andrew Sunter)教授认为,"国际法第三世界方法是国际法新方法众多方法论中典型的一种,它对当代国际法律制度进行了犀利的批判,并通过使用具体历史的和文化的证据表明国际法的核心学说都是以欧洲为中心的,而没有代表世界上多元文化的价值观和信念。"国际法第三世界方法学者从不同角度揭示出了第三世界方法概念的特征和本质。我们可以认为,"国际法第三世界方法是国际法律制度中的一种思想和政治运动,它辩证地揭露和反对一般意义上不平等、不公平和不公正的当代国际法律制度,因为这些国际法律制度是殖民主义的产物,是以欧洲和西方国家为中心的,它总是将第三世界控制在其统治和支配之下,使第三世界处在次要和劣势地位;此外,该方法在批判和解构当代国际法律制度的同时,也试图为建构一个公正、公平的国际法律秩序提出自己的思路和做出自

---

① See Raibhaia Povertyissi,"Unmet Challenges Facing American Trade Law Ⅱ",*International-Lawyer*,Vol.36,No.4,2002,p.171.

己的努力。"①

"从认识论的角度来看,国际法第三世界方法试图揭示当代国际法的基础和内容结构如何反映了欧洲和美国等西方世界为中心的支配和统治地位,并提出了改变的现状的要求,其批判性主要体现在其对国际法的批判性认识和重构性认识两个方面贡献。"②

(1)国际法第三世界方法认为,"国家主权平等是国际法形成的根本基础,而现代国际法的形成过程违反了国家主权平等的国际法基础。"一方面,国际法第三世界方法认为现代国际法律制度的造法主体具有明显的等级性。近代国际法起源于欧洲国家的兴起及其与其他国家间的交往,欧洲国家最早创立了国际法的博弈规则,使其成为国际法的最早参与者。近5个世纪以来,欧洲殖民者凭借其先进的文明在世界各地进行殖民统治,并向殖民地国家推行其所谓的民主政治,同时制定国际法规则来维护其殖民统治和处理与其他殖民国家的关系。近代国际法在欧洲国家的殖民扩张中向现代国际法发展,并具有了世界普遍性,保证了"欧洲中心主义"在世界各地的统治地位。因此,现代国际法主体由于近代国际法造法主体的不平等性而具有明显的排他性和等级性。③ 另一方面,国际法第三世界方法认为现代国际法律制度的造法过程具有霸权性。"欧洲国家以欧洲基督教文明为主导制定和发展了国际法规则,并为其在世界各地进行殖民统治服务。第二次世界大战后,联合国的成立和布雷顿森林体制的建立,确认了新的国际政治和经济秩序,但是欧洲和西方国家仍然以其强大的政治和经济力量控制着联合国和主要国际经济组织,使得很多现代国际法规则呈现出明显的霸权主义倾向。人道主义干涉、人

---

① Raibhaia Povertyissi,"Unmet Challenges Facing American Trade Law Ⅱ",*InternationalLawyer*,Vol.36,No.4,2002,p.171.

② Raibhaia Povertyissi,"Unmet Challenges Facing American Trade Law Ⅱ",*InternationalLawyer*,Vol.36,No.4,2002,p.171.

③ See Raibhaia Povertyissi,"Unmet Challenges Facing American Trade Law Ⅱ",*InternationalLawyer*,Vol.36,No.4,2002,p.171.

权保护和打击恐怖主义为西方国家的霸权主义披上了合法的外衣。现代国际法形成的过程,实质上就是西方国家推行殖民统治和建立世界霸权的过程。"①

(2)现代国际法规范内容具有"欧洲中心化"的趋向。现代国际法形成的基础,即造法主体的等级性和造法过程的霸权性决定了国际法的规范性内容的基本趋势和方向。在国际法第三世界方法看来,"国际法的内容给予欧洲和西方大国以特权,在这一点上国际法的内容被'欧洲中心化'了。国际法第三世界方法对国际法规范性内容的批判主要集中在政治、经济、人权和环境等方面,深刻地揭露了国际法规范'欧洲中心化'内容在体现和维护欧洲和西方大国的霸权统治的本质。"②

首先,国际法第三世界方法把现代国际法,尤其是那些在"帝国主义时代"形成的国际法规范和理论,看成是压迫性的规范而不是保护性和改良性的制度,认为国际法就是一种"统治和被统治的,而不是一种抵抗和解放的制度和理论"。威斯特伐利亚体系确立的国家主权独立的原则,实际上是欧洲殖民国家为维护其自身利益和对殖民地国家和民族实施统治而确立的欧洲殖民国家之间的主权独立,并不包括殖民地国家和民族;国际法其实是"文明国家承认的适用于他们之间的关系的法律"。第二次世界大战后,虽然民族自决实现了殖民地国家和民族的对外独立,但在国内民主和政治建设上仍然受到欧洲和西方国家的干涉和阻挠,欧洲和西方国家所谓的人道主义干涉,就是对发展中国家内政和主权的粗暴侵犯。③

其次,国际法第三世界方法认为,"国际经济法在平衡西方大国和发展中

---

① Raibhaia Povertyissi,"Unmet Challenges Facing American Trade Law Ⅱ",*InternationalLawyer*,Vol.36,No.4,2002,p.171.

② Raibhaia Povertyissi,"Unmet Challenges Facing American Trade Law Ⅱ",*InternationalLawyer*,Vol.36,No.4,2002,p.171.

③ See Raibhaia Povertyissi,"Unmet Challenges Facing American Trade Law Ⅱ",*InternationalLawyer*,Vol.36,No.4,2002,p.171.

国家经济发展中表现得十分软弱"。第二次世界大战后,殖民地国家和民族在政治上纷纷独立,但在经济领域内,却受到由欧洲和西方国家主导的布雷顿森林体系的控制。随着经济全球化发展,第三世界和发展中国家在参与国际经济法律秩序构建中仍然处于从属地位。例如,在 WTO 事务中,很多发展中国家不能完全参与 WTO 事务的讨论和决策,因为 WTO 主要是由欧美发达国家控制的。广大发展中国家对国际法在经济领域中的软弱表现感到越来越不满意,他们认为,国际经济法律规则和制度在很多方面的缺陷和软弱性,还不能有效的保护广大发展中国家的利益。①

再次,国际法第三世界学说认为,"人权制度在概念上满足了从前殖民地受害国家和民族的要求,但却没有使这一概念成为现实。"②国际法第三世界方法认为"人权普遍性"和"共同人类"的概念长期以来恰恰促进并证明了欧洲的殖民统治和对第三世界国家和民族的剥削的正当性和合理性。国际法第三世界方法怀疑所谓的"人权的普遍性"和"共同人类"概念的真实性,认为"所有人类生而自由和平等不仅是一个对现实错误的描述,而且其成为一个减弱第三世界国家和民族反抗呼声的手段和机制。从另一角度看,现代国际法律制度,通过将所有人类视为同一水平,赋予同等的权利,以此否认其霸权主义体制的历史,进一步掩盖第三世界国家和民族的反抗和呼声。这样,所谓的以欧洲为中心的杰出的国际法事实上通过人权法得到永存而不是消亡。"③因此,人权保护已经成为欧洲和西方国家进行干涉别国内政、推行强权政治的工具,国际法上的人权保护具有很强的虚伪性。

最后,第三世界和发展中国家认为,"工业革命消耗的大量的资源,欧洲

---

① See Raibhaia Povertyissi,"Unmet Challenges Facing American Trade Law Ⅱ",*International-Lawyer*,Vol.36,No.4,2002,p.171.

② Sethgoroon,"Indigenous Rights in Modem International Law from a Critical Third World Perspective",*American Indian Law Review*,Vol.31,2006-2007,p.403.

③ Sethgoroon,"Indigenous Rights in Modem International Law from a Critical Third World Perspective",*American Indian Law Review*,Vol.31,2006-2007,p.403.

殖民主义和帝国主义过程加速了欧洲和北美工业化的发展,最终导致了全球乃至殖民地国家的环境的破坏和恶化。"自20世纪70年代,国际环境法逐渐产生并在各个领域发挥了重要的作用,并确立了很多国际环境保护的国际法律原则。然而,欧美等发达国家仍然凭借其强大的经济实力,通过不公平的贸易手段大肆地掠夺发展中国家的自然资源,严重破坏了发展中国家的自然资源主权和可持续发展。2005年2月,旨在削减温室气体排放的《京都议定书》生效,但是作为全球温室气体排放量最大的国家美国却拒绝加入该议定书,不愿意承担其应该承担的减排责任。因此,如何更好保证可持续发展目标的实现,避免可持续发展不被用作保护主义的工具,确保各主权国家的自然资源主权平等以及各国平等地享有可持续发展权利,都是当前国际环境法应该思考和改进的问题。①

国际法第三世界方法除了对国际法进行批判性的解构外,也对国际法的构建提出了种种设想,主要体现在以下几个方面。首先,国际法第三世界方法要求彻底改变欧洲和西方主导下的国际秩序,建立一个公正合理的后霸权主义的国际政治经济法律秩序。通过对国际法发展的历史考察,国际法第三世界方法认为,"现代国际法从其起源就沦为区分西方国家和第三世界国家的工具。第二次世界大战后,随着反殖民运动的发展,第三世界国家和民族纷纷独立,实现了民族自决,但是政治上的独立并没有彻底改变第三世界国家和民族对西方发达国家的依赖性,也很难实现经济上的独立发展。全球化的发展及全球治理理念的提出和实践,为国际法的发展提出了挑战和机遇。"国际法第三世界方法认为,"国际法应该摒除其历史的文化的等级性和差异性,而以全人类的共同利益为基础,坚持国家主权平等原则,改变由某些优势国家来主导国际法的发展的状况,彻底改变国际法由西方国家主导所表现出来的等级性和霸权性,最终建立起真正公正公平合理的国际

---

① 参见李洪峰:《论国际法第三世界方法的批判性——以认识论和方法论为视角》,《社会科学家》2011年第1期。

法律制度。"①

其次,国际法第三世界方法要求变革和改良国际法律规则中的一些不合理的内容。"国际法的规则和制度是随着国际关系的发展而逐渐发展起来的。由于国际法根源的不平等性,导致了国际法在发展中为欧洲和西方发达国际法所利用,其内容中出现了一些不合理和不平等的规则,严重损害了第三世界和发展中国家的利益。"例如,以美国为首的西方大国以联合国的名义,以违反国际人权法为借口,对南联盟、伊拉克和阿富汗等第三世界和发展中国家进行人道主义干涉,甚至发动侵略战争。国际法第三世界方法要求对国际经济法、国际人权法和国际环境法中不平等性、不合理的方面进行改良,使其能够真正维护第三世界国家和民族的利益。②

最后,国际法第三世界方法要求革新对国际法的研究方法和内容。在研究方法和内容层面上,国际法第三世界方法要求"优先研究那些对一般国家和民族产生重大影响的国际法,并运用跨学科的研究方法进行研究,这样才能更加深入地揭示国际法的结构;要继续对西方主导的国际法的历史和理论进行批判,并对西方思维的潜在的历史和设想提出挑战。同时,国际法第三世界方法要求第三世界的学者应该重视全球正义的问题。相信全球正义的人必须将全球所有人类的福祉放在全球各人民法的中心位置。"③国际法第三世界方法通过对国际法研究方法和内容的革新,也是其对国际法构建的重要组成部分。随着冷战的结束和全球化的发展,世界政治经济格局发生了很大变化,国际法第三世界方法的学者和政治家结合国际实践,在增强国际组织和机构的透明性和责任能力、促进世界各国平等的可持续发展、提高人权保

---

① 李洪峰:《论国际法第三世界方法的批判性——以认识论和方法论为视角》,《社会科学家》2011 年第 1 期。

② 参见李洪峰:《论国际法第三世界方法的批判性——以认识论和方法论为视角》,《社会科学家》2011 年第 1 期。

③ 李洪峰:《论国际法第三世界方法的批判性——以认识论和方法论为视角》,《社会科学家》2011 年第 1 期。

护的真实性、加强联合国的作用、禁止使用武力和改善人口的自由迁徙等方面对国际法的构建都提出了很多构想,这些都对国际法的发展产生重要的影响。①

总之,国际法第三世界方法是认识论和方法论有机结合体,其认识论和方法论是相辅相成、相互支持的。就其认识论而言,国际法第三世界方法是一种自然化的认识论,是根据国际法的历史和文化的发展来确认国际法的实然和应然状态。其批判性认识揭示了当代国际法的实然状态,而构建性认识则提出了当代国际法的应然状态。当前,虽然国际法第三世界方法还没有被承认是一种主流的国际法学说或流派,其自身还有很多局限性,但它是国际法发展和实践中很重要的研究方法之一。在全球化发展的今天,国际法第三世界方法有利于理性分析当今世界形势和把握国际法的发展方向,对研究当今国际社会面临的发展问题具有重要意义。②

---

① 参见李洪峰:《论国际法第三世界方法的批判性——以认识论和方法论为视角》,《社会科学家》2011 年第 1 期。

② 参见李洪峰:《论国际法第三世界方法的批判性——以认识论和方法论为视角》,《社会科学家》2011 年第 1 期。

第七章　国际法方法论实践：国际组织立法与国际司法机构造法

在寻找国际法的过程中，除了前述理论找法以外，国际行为实体如国际司法机构、国际组织也逐步参与到国际法找法的实践中来。我们发现，总体而言，通过国际实践找法的路径大致分为，在司法机构造法和国际组织立法中寻找国际法。前者通过具有执行力的裁判、判决等找法，后者则通过国际组织宪章、联合国国际法委员会立法等路径找法。本章主要以联合国国际法委员会工作机制和国际司法机构等为例，说明在实践中寻找国际法的方法。

第一节　联合国国际法委员会的建立、职能与作用

国际法委员会，即联合国国际法委员会（International Law Commission of the United Nations），是隶属于联合国的国际法研究机构。国际法委会是根据大会1947 年 11 月 21 日第 174(II)号决议设立的。《联合国宪章》第 13 条 1 款规定，大会应"发动研究，并做成建议……以提倡国际法之逐渐发展与编纂"。根据这一规定，大会于 1947 年 11 月 21 日通过第 174(11)号决议，成立国际法委员会并通过其章程。1949 年 4 月 12 日，国际法委员会举行了首届年会。

国际法委会的宗旨是促进国际法的逐渐发展与编纂。它的工作一方面是就尚未制定国际法加以调节的议题或各有关法律尚未在各国实践中得到充分发展的议题编写公约草案；另一方面是在已具有广泛的国家实践、先例与理论的领域更精确更系统地阐述国际法规则。委员会最初有 15 名成员，1956 年增加到 21 人，1961 年增加到 25 人。1981 年，根据大会 1981 年 11 月 18 日第 36/39 号决议，委员会人数又增加到 34 人。委员人选由联合国各成员国政府提名，经联合国大选产生。委员会成员以个人身份参加工作，而不是作为其政府的代表。他们必须是公认的在国际法方面具有专长的人士。选举由大会主持，每五年进行一次，可连选连任。候选人中以得票最多并得到出席及投票成员国过半数选举票当选，人数可达规定各区域集团的最高名额，其任期为五年。两次选举之间出现的空额由委员会自行补选。

具体而言，委员会负责国际法的起草工作，因此，我们可以在委员会的主要工作文件中寻找国际法。有些专题是委员会决定的，而有些是由大会提交的。每当委员会完成了一个专题，大会往往召集一个全权代表国际会议，经协商一致通过草案，缔结公约，接着向各国公开签署。根据《联合国宪章》第 13 条的精神和《联合国国际法委员会章程》第 15 条规定，国际法委会的主要职能包括：国际法的逐渐发展与国际法的编纂。《联合国国际法委会章程》对于国际法的"逐渐发展"和"编纂"规定了不同的程序和工作方式，委员会在实践中将其结合了起来。国际法委员会从事包括跨界损害、国际法不加禁止的行为所引起的损害性后果的国际责任的审议。另外一些专题包括：国家的单方面行动、外交保护、对条约的保留、国际组织的责任、国家间共有自然资源以及在国际法多元化和繁荣发展的情况下碰到的新问题。

具体而言，国际法委员会规约第 1 条第 1 款规定，委员会应以促进国际法的逐步发展和编纂为其目标。[①] 为方便起见，《规约》第 15 条对两种情况作了

----

① 参见《国际法委员会规约》第 1 条第 1 款。

区分:逐步发展是指就尚未受国际法规范或在国家实践中法律尚未充分发展的主题拟订公约草案,而编纂则是指在已经有广泛国家实践的领域更精确地拟订国际法规则并使之系统化。① 在实践中,国际法委员会对某一专题的工作通常涉及国际法的逐步发展和编纂的某些方面,两者之间的平衡视具体专题而异,虽然规约的起草者设想在逐步发展方面和在编纂方面将采用有些不同的方法,但他们认为最好将这两项任务委托给一个委员会。此外,他们不赞成关于设立公共、私人和国际刑法的单独委员会的建议。因此,《规约》第1条第2款规定,委员会应主要涉及国际公法,但不排除进入国际私法领域。② 委员会可审议除大会以外的联合国主要机关、专门机构或政府间协定设立的正式机关为鼓励国际法的逐步发展及其编纂而提出的建议或公约草案。③ 此外,委员会可与下列任何联合国机关就属于该机关权限范围内的任何问题进行协商④;任何国际或国家官方或非官方组织⑤;以及科学机构和专家个人。⑥ 此外,委员会关于联合国各机关职权范围内主题的文件分发给那些可能提供资料或提出建议的机关,⑦规约还规定将委员会的文件分发给与国际法有关的国家和国际组织。委员会在其工作的最初几年里,只有两次收到了大会以外的正式机构提出的建议。1950年和1951年委员会第二届和第三届会议获悉联合国经济及社会理事会通过的决议(1950年7月17日第304 D(XI)号决议和1950年8月11日第319 B III(XI)号决议),其中理事会请委员会处理两个问题:已婚妇女的国籍和消除无国籍问题。委员会在涉及包括无国籍在内的国籍这一综合性专题的情况下处理了这些问题,该专题已于1949年由委员

---

① 参见《国际法委员会规约》第15条。
② 参见《国际法委员会规约》第1条第2款。
③ 参见《国际法委员会规约》第17条第1款。
④ 参见《国际法委员会规约》第25条第1款。
⑤ 参见《国际法委员会规约》第26条第1款。
⑥ 参见《国际法委员会规约》第16条(e)。
⑦ 参见《国际法委员会规约》第25条第2款。

会选择编纂。

国际法委员会建议，应鼓励大会并通过大会鼓励联合国系统内其他机构向国际法委员会提出可能涉及国际法编纂和逐步发展的专题。委员会进一步建议，它应设法同联合国在其领域中负有立法责任的其他专门机构发展联系，特别是探讨就选定专题交换信息或其特别报告员有时就某些专题与各实体进行非正式接触或从各实体收到资料。这些专题包括：联合国难民事务高级专员关于国籍问题，包括无国籍问题和与国家继承有关的国籍问题；红十字国际委员会，特别是关于危害人类和平及安全治罪法草案问题；国际水文地质学家协会、欧洲经济委员会、联合国教育、科学及文化组织和粮食及农业组织关于共同自然资源问题的专家小组；海洋法和保护大气层问题专家小组；等等。在某些情况下，委员会邀请有关组织提交有关数据和材料，以协助委员会确定其今后关于某一专题的工作，以及对正在进行的工作的评论和意见，包括：国家与国际组织之间的关系、两个或两个以上国际组织之间缔结的条约问题、对条约的保留意见、国际组织的责任、发生灾害时对个人的保护，委员会还参与与科学机构和国际法教授进行的协商、交换意见和相互提供资料的进程，使委员会能够跟上国际法学术研究方面的新发展和趋势。① 例如，委员会成员参加了联合国关于国际法的逐步发展和编纂的讨论会，以及关于国际法委员会在其成立五十年期间的工作的讨论会，这两次讨论会都是为了纪念委员会成立五十周年而举行的。多年来，委员会与国际法院保持着密切的关系，委员会通常邀请国际法院院长代表就国际法院最近的活动作简报。委员会还同非洲联盟国际法委员会、亚非法律协商委员会、欧洲法律合作委员会和国际公法法律顾问委员会、美洲司法委员会建立和保持合作关系。这些委员会的代表将其最近的活动通知委员会，委员会成员有机会与他们交换意见。就委员会而言，它经常由一名成员代表出席这些机构

---

① See International Law Commission, About the Commission, https://legal.un.org/ilc/ilcintro.shtml, visited on July 24, 2022.

的届会和会议。委员会建议,应进一步鼓励和发展与其他机构,例如区域法律机构的关系多年来,委员会还就委员会审议的议题以及国际人道主义法问题与红十字国际委员会进行了协商大会,已请国际法委员会继续执行其《规约》的有关规定,以进一步加强国际法委员会与其他有关国际法机构之间的合作。①

委员会主要研究国际公法,但不排除进入国际私法领域。委员会应由 34 名成员组成,成员应是公认具有国际法学识的人士。委员会不得有两名成员为同一国家的国民。如果候选人具有双重国籍,应视为其通常行使公民和政治权利的国家的国民。委员会委员由大会从联合国会员国政府提名的候选人名单中选举产生,每一会员国可提名不超过四名候选人参加选举,其中二人为提名国国民,二人为其他国家国民。各国政府应于举行选举当年的 6 月 1 日前将候选人的姓名以书面形式提交秘书长,但在特殊情况下,一国政府可在不迟于大会开幕前三十天内,以它在 6 月 1 日前提名的候选人的姓名替换另一位它应提名的候选人。

委员会委员任期五年。他们有资格再选。如出现空缺,委员会应当按照相关规定自行填补空缺。委员会设在日内瓦联合国欧洲办事处。但委员会有权与秘书长协商后在其他地点举行会议。委员会还应审议联合国会员国、除大会以外的联合国主要机关、专门机构或根据政府间协定设立的官方机构为鼓励国际法的逐步发展及其编纂而提出的建议和多边公约草案。委员会认为编纂某一专题是必要和可取的,应向大会提出建议。委员会应优先考虑大会关于处理任何问题的请求。委员会应以条款的形式编写其草案,并将其连同评注一起提交大会,其中包括:(a)充分提出先例和其他相关数据,包括条约、司法决定和理论;(b)结论定义;(c)各国在实践和理论中对每一点的一致程度;存在的分歧,以及支持一种或另一种解决办法的论据。委员会可向大会建

① See International Law Commission, About the Commission, https://legal.un.org/ilc/ilcintro. shtml, visited on July 24, 2022.

议:(a)报告已出版,不采取行动;(b)通过决议注意到或通过该报告;(c)向会员国建议该草案,以期缔结一项公约;(d)召开会议以缔结一项公约大会认为有必要时,可将草案提交委员会重新审议或重新起草。委员会应审议使习惯国际法证据更容易获得的各种途径和方法,例如收集和公布有关国家惯例的文件以及国家法院和国际法院关于国际法问题的判决,并应就此事项向大会提出报告。①

国际法的编纂本质上也是一种寻找并确认国际法规则的行为。对编纂运动的热情通常源于这样一种信念,即成文国际法将通过填补法律中现有的空白来消除习惯国际法的不确定性,并通过对实际应用尚未得到解决的抽象一般原则给予精确解释。诚然,只有各国政府接受的具体案文才能直接构成一套成文的国际法,但私人编纂的努力,即各种社会、机构和个别作者提出的研究和建议,也对国际法的发展产生了影响。特别值得注意的是国际法学会、国际法协会(都成立于1873年)和哈佛国际法研究所(成立于1927年)起草的各种法典草案和建议,它们为通过具有立法性质的一般多边公约而召开的各种外交会议的工作提供了便利。1814年《巴黎条约》的签署国通过了有关国际河流制度、废除奴隶贸易和外交代表级别的协定。从那时起,在外交会议上就许多其他问题制定了国际法律规则,例如陆上和海上的战争法、和平解决国际争端、国际私法的统一、知识产权的保护、邮政服务和电信的管理、海上和空中航行的管理以及各种其他国际关注的社会和经济问题。虽然这些公约中有许多是处理特定问题的孤立事件,在某些情况下只适用于某些地理区域,但其中有相当一部分是由于各国政府在历次国际会议上通过多边公约持续努力发展国际法而产生的。例如,自1880年以来,保护工业产权一直是连续举行的会议的主题。1883年3月20日首次通过的关于这个主题的《巴黎公约》,先后被修改了六次。1949年8月12日关于保护战争受害者的四项日内瓦公约

---

① See International Law Commission, Statute of the International Law Commission, https://legal.un.org/ilc/texts/instruments/english/statute/statute.pdf, visited on July 24,2022.

和 1977 年 6 月 8 日和 2005 年 12 月 8 日日内瓦公约附加议定书所载的国际法编纂,是 1864 年 8 月 22 日日内瓦红十字公约和 1899 年和 1907 年海牙和平会议的"直接成果"。借鉴以往关于战争法的会议的工作和经验,并参照一些国家政府以往和平解决国际争端的做法,就几项重要公约达成了协议,促进了编纂国际法的运动。①

第二节　国际司法机构的实践与对国际法的发展

从 20 世纪 50 年代开始,国际司法机构的数量,进入一个飞速增长的阶段。追溯国际司法机构的发展,一般都会以 1899 年、1907 年的两次海牙和会作为开端。前者是近代国际仲裁制度发展的高点,后者则是常设国际法院、国际法院、国际海洋法法庭等所谓"海牙和会传统"之国际司法机构开始起步的地方。② 1908 年在美国和墨西哥等国的支持下,中美洲法院成立,创立国包括哥斯达黎加等 5 国,是第一个真正意义上的常设国际司法机构。

1922 年,伴随着国联的创立,常设国际法院得以设立。在当时取得了举世公认的重要成就,为国际司法机构和国际法实践奠定了基础。到了第二次世界大战之后,由于常设国际法院和国联之间密切的政治联系,1945年,旧金山联合国制宪会议决定放弃常设国际法院,但在保持连续性的基础上,建立一个新法院,这就有了 1946 年国际法院在海牙和平宫的成立。在这一标志性事件之后,国际司法机构进入第二次世界大战后冷战时期。在经历了战火洗礼的欧洲大陆,西欧各国不满于国际社会在保护人权方面发

---

① 参见梁西著,杨泽伟修订:《梁著国际组织法》(第六版),武汉大学出版社 2011 年版,第 166 页。

② 参见邓烈:《国际司法机构的源起与发展路径》,《法学研究》2010 年第 5 期。

挥的有限作用,加上对于法西斯主义的警惕,决定设立自己的人权法院。1950 年,欧洲各国签署《欧洲人权公约》,1959 年成立欧洲人权法院。法院在设立之初遇到了不少阻力,例如来自各主权国家对于凌驾于独立国家之上司法机制的担心。以至于成立的最初十年间,只审理了 7 个案子。这种状况直到 20 世纪 80 年代才有所改善。欧洲在国际司法方面的另一大尝试是 1952 年成立的欧洲法院,欧洲法院有强制管辖权,并且允许个人发起诉讼。在 20 世纪 70 年代欧洲法院已经具有相当的权威性,欧洲各国法院都尊重欧洲法院的审判,并将本国的法律原理调整,以将欧洲法院的法律原理包含进来。①

欧洲在国际司法机构方面的发展走在了国际社会前列,起到了积极的示范作用,将一种新的超国家法律体系介绍给了世界。有不少学者认为这是一种欧洲模式,这一模式的特点在于国际司法的权威性能在国内的法律中得到体现,而且国际司法机构能够逐步使各国服从于国际条约。② 在欧洲的示范作用下,20 世纪 70 年代,拉丁美洲也开始建立国际司法机构以回应在独裁统治期间存在的侵害人权事件。1979 年美洲国家间人权法院仿照欧洲人权法院而设立。设立期间美国卡特政府施加了不少压力,使得该法院条约得到了各拉丁美洲国家的批准。与此同时,哥伦比亚、厄瓜多尔等六国决定进行经济上的一体化,所以设立了一个法院来协调一体化系统中的问题,他们参照欧洲法院,设立了安第斯共同体法院。③

冷战后,一方面,原有的国际司法机构在职权范围上发生了变化,改进了处理程序,使得其权力得到了加强,公正性得到了更多认可。例如,1994 年WTO 成立,取代了原先的关税及贸易总协定(GATT),其争端处理机制也得到

---

①　参见周圆:《国际关系中国际司法机构的演进与扩散》,《学理论》2020 年第 10 期。

②　See Helfer L.R., Slaughter A.M,"Toward a Theory of Effective Supranational Adjudication", *Yale Law Journal*, Vol.107, No.2, 1997, p.23.

③　See Helfer L.R., Slaughter A.M,"Toward a Theory of Effective Supranational Adjudication", *Yale Law Journal*, Vol.107, No.2, 1997, p.23.

了改进,建立了常设的上诉机构,采用专家组模式,并且决议一旦通过,争端各方就必须无条件接受,这实际上是具有了关税及贸易总协定所没有的强制管辖权。又如,安第斯共同体法院于 1996 年开始允许个人将不遵从判决的案件报给安第斯共同体秘书处,并将其提交给安第斯共同体法院。这就使得秘书处能够直接接受来自个人的申诉,克服了来自主权国家的阻力。另一方面,国际司法机构在全球范围内扩散,涉及领域包括经济、人权和战争罪等。据统计,1985 年世界范围内还只有 6 个常设国际法庭,而到了 2011 年,已经有 26 个常设国际法庭和 100 多个准法律的和特设的法律机构在对国际规则进行解释,并根据国际法进行合规与否的评估。①

在两极格局瓦解后,发展经济成为许多国家超越于意识形态之上的共识,这种需求促进了不少地区性司法机构的出现,其主旨皆是服务于地区经济贸易的需要。例如,成立于 1997 年的非洲商法统一组织(OHADA)司法与仲裁共同法院,就是因非洲各国在法律和司法上存在不确定性,担心会不利于引入投资,因而共同设立,以促进投资和经济增长为目标。两极格局瓦解还导致了局部的战乱与冲突。原先由美苏掌握的权力平衡失控,部分地区出现了权力真空,继而陷入了内战,前南斯拉夫和卢旺达都是典型代表。② 如何从混乱走向有序,国际社会的回应之一是通过国际司法制度来进行审判。1993 年,联合国安理会通过决议认为在前南斯拉夫的特殊情况下设立一个国际法庭,以制止严重违反国际人道主义的行为,有助于恢复与维持和平。因此 1994 年成立了前南斯拉夫国际刑事法庭,专门负责审判自 1991 年以来在前南联盟境内违反国际人道主义法律的犯罪嫌疑人,开创了由国际法庭审理国内战争罪犯的先例。③

---

① See Helfer L.R., Slaughter A.M, "Toward a Theory of Effective Supranational Adjudication", *Yale Law Journal*, Vol.107, No.2, 1997, p.23.

② See Helfer L.R., Slaughter A.M, "Toward a Theory of Effective Supranational Adjudication", *Yale Law Journal*, Vol.107, No.2, 1997, p.23.

③ 参见周圆:《国际关系中国际司法机构的演进与扩散》,《学理论》2020 年第 10 期。

　　1995 年,联合国安理会设立了卢旺达国际刑事法庭,起诉应对 1994 年在卢旺达境内的种族灭绝和其他严重违反国际人道主义法行为负责者和应对这一期间其邻国境内种族灭绝和其他这类违法行为负责的卢旺达公民。这两个法庭的成立,皆为国际司法机构在冷战后为应对世界局势的变化而做出的创新,并为 2002 年成立国际刑事法院(ICC)提供了借鉴。国际刑事法院的职责即是对犯有种族屠杀罪、危害人类罪、战争罪、侵略罪的个人进行起诉和审判,虽然其权限只限于对个人进行审判,不能对国家的侵略行为行使管辖权,但依然在促进和平方面起到了积极作用。[①]　总之,晚近国际司法机构的演进与扩散,发展并完善了国际法。

---

①　参见周圆:《国际关系中国际司法机构的演进与扩散》,《学理论》2020 年第 10 期。

结　　语

　　国际法作为治理国际社会关系和维持世界和平的重要社会控制工具,在众多法学家、政治学家、国际关系学家、社会学家、后现代主义哲学家等方家对其本质、效力及适用的思考与探究下,形成了各具风采的工具使用方法论,例如,国际法的自然法方法、实证主义方法、现实主义方法、马克思主义方法、女性主义方法、第三世界方法等诸多理论与流派。作为寻找国际法规则和知识的方法体系,国际法方法论就像一幅藏宝图,宏观且明确地指出了国际法所在之处。而诸多理论流派则使用其特殊方法来拼凑国际法的拼图,最终都是为了解答国际法本质、效力及适用等相关问题。因此,掌握各种国际法方法论必然是国际法学习和研究的重要基础。具体而言,从自然主义的国际法方法,到实证主义的国际法方法,再到现实主义的国际法方法,马克思主义的国际法方法、女性主义国际法方法、第三世界国际法学方法等,国际法方法论的多元化,指向了寻求国际法真理路径的多元化。也就是说,寻找国际法规则、解决国际法问题的思路并不是唯一性的、终极的、静止的,而是多面向的、辩证的、动态的。在追求真理的过程中,学者们对国际法方法论的思考与打磨,不仅丰富了国际法方法论本身作为一门学问的内容,使得国际法学科的知识体系更加完善充实,也令国际法的面貌在诸学者无止境的追寻中变得越发清晰。

　　早期人类从仰望星空、探寻理性伊始,追问法律的本质,并在国际法领域逐步发展出了国际法的自然法方法。该方法认为,正是基于对自然规律的崇尚,一种先验的"自然理性"在指导着人类的生活与互动:自然的命令是不可违抗的,人一旦违反这种自然命令,就必然遭到惩罚;而人类人为制定的命令,如果违反了不被发现也不会有负面后果。正是基于对自然命令的崇拜,"自然理性"被人类所意识到并发展为相应的社会治理规则——道德与法律。在道德与法律的指引下,人类逐渐建立起了对社会规范的遵循与习惯,国际社会的治理与互动也同样是在这样的"自然理性"指导下有条不紊地进行着。总之,国际法的自然法方法认为,即便不同种族的人类生活在不同的地域、文化、政治环境中,不论其观念和习惯如何千差万别,人类先验的"自然理性"始终在国际社会活动的背后掌控一切,最终我们能依循人类的"自然理性"来认识国际法、运用国际法、觅得关于国际法的所有规则和知识。

在自然法方法的思辨基础上,国际法的实在法方法则扬弃了自然法方法的神学色彩和玄虚精神,主张国际法效力的根据不是来源于捉摸不定的自然法或抽象的人类理性,而是来源于现实的国家同意,也就是说,我们要通过实在的契约来审视和运用国际法,即所有国际法的有关知识要在经验材料中获得,而非在形而上的理性中寻得。鉴于此,实证主义国际法方法将实在契约与伦理道德严格区分开来,并认为正义就是合法性,法律就是统治者制定的规则系统和强制秩序。于是可以得出结论说,国际法存在于所有现实的承载了国家同意的文件如条约、公约、盟约、议定书等材料中,而国际法的效力则来自于"约定必须信守"。总之,实证主义国际法方法将正义、善治、公平等道德理念与法律规则切割开,认为法律体系是一套逻辑封闭的体系,法律不必然承载社会目标、政策、道德准则等价值追求。

在法学家对国际法的审视之外,政治学家和国际关系学者也开始结合自身学科特点和思路来探究国际法的本质。在国际法和权力的理念碰撞中,现实主义国际法方法得以诞生与发展。20世纪以来,西方法学界先后出现了"法律现实主义运动"与"新法律现实主义工程",形成了新传统现实主义法学。现实主义方法将法律放到具体的社会关系场景和权力博弈场域中审视,认为不论是成文法的规则还是从先例中抽象出来的规则都不能完全成为法官判决的核心依据。因为"有规则,就有例外"。总之,现实主义法学方法认为,法律在特定的社会关系中运行,因此,法律与权力以特定方式相互作用,而非相互割裂。

其中,现实主义理念与国际法相结合,催生了"政策定向国际法方法"。现实主义国际关系理论认为每个国家在追求各自以权力界定的国家利益的过程中以单一的方式行事——唯一理性政策就是追求权力,因此,国际关系的核心问题就是如何获取权力,扩展权力以及运用权力,而国际政治就是一种为争取权力而进行的斗争。因此,"政策定向国际法方法"在质疑传统的法律是规则总和的概念的前提下,认为法律不仅仅是规则,还包括政策决策和一切有关的活动的全过程。他们进一步认为国际法不仅仅是表现为调整国家关系的国家行为的规则的总和,它必须是包括这些规则在内的国际权威决策的全部过程。他们认为,国际法总是不断地根据变化的情势而被解释和再解释,特别是法律概念模糊的情况下。正是这样的灵活变通空间,使得国际法被认定为维护某种"基本社会秩序"或某种"权力格局"的工具。可以说,现实主义国际法方法要求我们在社会权力关系的动态平衡中寻找国际法。

马克思主义则认为法律是统治阶级意志的反映,统治阶级的意志并不是随意形成的,而是由特定社会的物质生产方式限制的,马克思主义理论承认利益是构成法律的基础,所谓的利益是一定社会经济关系的表现形式。马克思和恩格斯认为国际法也有鲜明的阶级性的特点:国际法调整的是国家之间的关系,并主要由国家来制定和发展,国家的阶级性决定了国际法的阶级性,没有超阶级的国际法。阶级分析的方法必然会伴随着批判的方法,马克思主义方法通过批判国际旧秩序,揭露了西方列强之间的秘密外交和政治同盟的频繁变换使国际关系充满了欺诈和变数,同时也批判了近代国际法的局限性。马克思主义法学方法反思批判等级制的资本主义结构,揭露现有国际规则体系的剥削性特征,无疑是一种具有革命性的视角。总之,马克思主义国际法通过普遍联系观点、主次矛盾观点、质量互变规律等内容寻找国际法本质的方式凸显了马克思主义国际法方法的科学性与优越性。同时,其所具备的批判性思维以及唯物辩证法、辩证唯物论等重大理论贡献也为国际法的研究与其本质的探求开辟了新的路径。

伴随着女性社会地位的不断提高和此起彼伏的女权运动,女性主义国际法学开始发展为一个独立的学术流派和方法。女性主义理论包括了自由主义、激进主义、经验主义、后现代主义等分支,这些分支与女性主义国际法方法也存在着对应关系。具体而言,女性主义国际法学方法以社会性别分析的方法,着眼于批判国际社会的父权制体系,并且试图以此方法为武装,对现状进行改造:弥补历史积累起来的社会结构性不公平,提高女性在国际社会中的地位与作用,给予女性更多的机会和权利。总结起来,女性主义国际法方法的主要论点有:国际法的组织性结构使得国际法漠视妇女的权利和法律地位,男性拥有决定国际法内容的话语权;国际法的公/私领域两分法导致妇女被局限在家庭领域,受到家庭权力结构的压制;国际人权法、国际人道法的现有规则体系不能彻底地保护妇女的特殊权利等。

国际法第三世界方法是在第二次世界大战后随着反殖民运动和第三世界国家的兴起而逐渐形成和发展起来的。国际法第三世界方法作为国际法新方法学派的典型代表,是一种重要的国际法研究方法,它以第三世界国家和民族的立场,以国际法历史发展为视角,以怀疑论的解释学对现代国际法的欧洲中心主义倾向进行了重新的审视和批判。在批判国际法的欧洲中心主义倾向之余,国际法第三世界方法认为全球化的发展并没有改变第三世界国家在国际政治、经济中的劣势地位,发达国家利用其在国际机构中的权力优势,制定统一的全球化的国际法规则和标准,控制第三世界国家,维护西方国家的既得利益。国际法第三世界方法致力于在全球化的背景下,把国际法压制性的话语体系改造成解放性的话语体系。

在国际法自身的知识体量成长与国际法方法论的不断多元化发展之下，国际社会也在不断进步，国际组织作为新兴的国际法主体也在不断壮大其力量，同时对国际法发展、国际社会问题的解决以及全球治理发挥了不可替代的作用。具体而言，国际组织、国际司法机构如联合国国际法委员会、国际法院、欧洲人权法院等，都深度参与了国际法的制定、编纂与完善，在国际社会交往和全球治理过程中践行了国际法方法。国际司法机构在适用国际法的基础上，通过案例与判决的形式也在国际造法的进程中担当着重要的角色。国际司法机构的造法为国际法的发展以及在造法的过程中寻找国际法的本质做出了重要的贡献，成为寻找、审视、研究、运用国际法的重要环节。

当前，我国仍处于社会形势快速变迁、法律条文难以及时有效地回应现实需要的转型期，因此需要在司法审判中更多地考量案件实际情况、地方传统和社会需要，做出合法性和合理性的能够得到较圆满融合的判决，填补法律的漏洞，弥合法律之间以及法律与现实之间的裂痕，从而反过来推动我国立法工作的完善进步。相比之下，从具体实际出发，在规则运用中不排斥法官自主性、能动性的现实主义法学，尤其是方法更加多元的新现实主义法学，比较适合我国当前的司法体制构造。

从某种意义上说，我国当前的法治建设在自上而下的发动下，形式意义上的法治初步具备，正在由之进入实质意义上的法治阶段。这种大背景，对摒弃形式主义、推崇求真求实精神的现实主义法学产生了客观需求。我国的法治建设，基于国情，具有一定的特殊性，没有现成的模式可循，因而不可能通过照搬、移植别国的法治理念或法律制度一蹴而就，清末或民国时期的经验教训已经证明了这一点。因而，必须结合我国和地方的实际情况来探索、推行法治，发现国家、地域的优势、特色、基础和症结之所在，从而改善法制的各个环节，使法治目标真正得以实现。当前，我国提出了全面深化改革、全面依法治国的一系列构想，其风格正是现实主义的。

基于现实主义法学在我国尤其是地方法治建设和法治评估方面的运用价

值,它也可在包括地方法治研究在内的多个法学领域被充分借鉴。西方学者已经在合同法、公司法等民商事领域以及刑法、国际私法甚至宪法与行政法等各法学门类广泛探讨了现实主义法学的指导价值,并涌现出了包括法经济学、法政治学在内的诸多法学流派。有美国法律学者坦承,他们大多数都已经"吃过法律现实主义者的果实",法律现实主义成为一种"习惯性思维"而深入人心、无处不在。

　　但近年来,鉴于现实主义法学的丰富应用价值,国内有学者倡导法学研究人员应对之更加重视,以一种现实主义的态度,借助多种实证方法,研究解决中国走向法治中的现实问题,建立中国化的法学体系,助推中国的法治进程;同时,实事求是地审视中国法治发展之路,客观地评价当前法制的不足及法律的局限性,①近年来的中央指导精神也体现了这方面的考虑,例如,2014 年《中共中央关于全面推进依法治国若干重大问题的决定》提到:"必须从我国基本国情出发,同改革开放不断深化相适应,总结和运用党领导人民实行法治的成功经验……发展符合中国实际、具有中国特色、体现社会发展规律的社会主义法治理论。"在当前的社会主义法治建设中,存在着很多重大的理论和实践问题亟待研究和解决,对此学界不但不能回避或者避重就轻,反而应当更加以积极、审慎、现实主义的风貌投身其中,并在充分参与、考察、总结实践活动的基础上将经验理论化,将理论系统化,形成中国现实主义法学,反过来再用来指导实践的进行,使理论得以深化、净化。②

　　我们注意到,国际法方法论中的绝大部分观点所关注的都是通过法律的社会控制所应追求的最高目标,就此而言,它们不是规范性的。换言之,它们所处理的乃是法律生活的"应然"问题而不是"实然"问题。这个概括不仅可以适用于大多数自然法理论、适用于超验的唯心主义哲学、适用于功利主义,

---

　　① 　参见范愉:《新法律现实主义的勃兴与当代中国法学反思》,《中国法学》2006 年第 4 期。
　　② 　参见段海风:《新旧现实主义法学的内在价值及借鉴意义辨识》,《社会科学家》2018 年第 8 期。

而且也同样可以适用于社会学法学的一些观点。这些不尽相同的法理学流派就法律控制所要达到的确当目标和目的提出了繁复多样的观点。平等、自由、服从自然或上帝的意志、幸福、社会和谐与社会连带、公共利益、安全、促进文化的发展——所有这些和其他一些价值被不同时代的不同思想家宣称为法律的最高价值。①

历史经验告诉我们,任何人都不可能根据某个单一的、绝对的因素或原因去解释法律制度。一系列社会的、经济的、心理的、历史和文化的因素以及一系列价值判断,都在影响着和决定着立法和用法。虽然在某个特定历史时期,某种社会方量或某种正义理想会对法律制度产生特别强烈的影响,但是根据唯一的社会因素(如权力、民族传统、经济、心理或种族)或根据唯一的法律理想(如自由、平等、安全或人类的幸福),却不可能对法律控制作出一般性的分析和解释。正如庞德所指出的,在法律的生命中,"理性同经验一样都具有各自的作用。法学家们提出了特定时空之文明社会的法律要求,亦即有关关系和行为的各种假设,并用这种方法为法律推理得出了各种权威性的出发点。经验在这个基础上为理性所发展,而理性则进化受到经验的检验。"②

马克思的法律理论认为,社会的生产方式构成了法律制度的基础,并且论证了存在于经济与法律之间的密切关系。在对法律制度进行充分的社会学分析过程中,实际上还必须对权力关系、基本的生物事实、人类学教材、宗教信仰、意识形态和价值体系以及明确的理性命令作适当的考虑。③ 再者,马克思的法律理论将其侧重点完全放在了法律控制的阶级性方面,而未能足够重视这样一个事实,即法律常常调节和调整的乃是相互冲突的群体利益。④

---

① See Amold Brecht, *Political Theory*, Princeton, 1999, pp.303-304.

② Roscoe Pound, *Social Control Through Law*, New Haven, 1942, p.112.

③ See *Fechner Rechts philosophie: Soziologie und Metaphysik des Rechts*, 2nd ed, Tubingen, 1962, pp.53-111.

④ See Roscoe Pond, *Interpretations of Legal History*, Cambridge University Press, 1930, pp.92-115.

实证主义则把法律定义为主权者的命令,由此揭示了现代民族国家的法律所具有的一个不容忽视的特征。但在另一方面,分析实证主义把法律同心理、伦理、经济和社会等基础切割开来的趋势,则使我们对法律制度所能达致的自主性和自足性的程度产生了一种误识。我们必须承认,法律在一个孤立封闭的容器中不可能得到健康发展,而且我们也不能把法律同其周围的并对它无害的非法律生活隔离开来。①

此外,分析实证主义,尤其是在凯尔森的纯粹法学中,极大地夸大了法律作为一种外在强制体系的特点。这种观点对德国公法教师赫尔曼·赫勒(Hermann Heller)的意见未能给予充分的认识,赫勒指出:"为了保护社会秩序的基础和维护政府的权力,任何政府都不能只依靠它所拥有的强制工具。政府必须始终追求合法化,即它必须设法把公民结合在尊重政府对权力的要求的价值和意志的共同体中;它还必须通过对理想的信奉来努力证明它对权力要求的正当性,并且努力使国民以承认规范性义务的方式在内心中认可这种要求。"②当法律社会学家N.S.蒂玛谢夫(N.S.Timashef)把法律看作是"道德和命令的协调"时,他所指的乃是这样一个事实,即在任何切实可行的法律体系中,为了确保有效地实现一定的行为模式,有组织的权力必须与群体信念相结合。过分强调法律中的权力因素而轻视其中的道德和社会成分,则是极为错误的。③

令人最感遗憾的是,一些实证主义和法律现实主义的代表人物——最著名的是汉斯·凯尔森和阿尔夫·罗斯——甚至对法律秩序的价值都持过分怀疑的态度。他们两人都认为,正义问题是一个虚假问题,是一个根本无法根据

---

① 参见[美]E.博登海默:《法理学:法律哲学与法律方法》,邓正来译,中国政法大学出版社2017年版,第220—229页。

② [美]E.博登海默:《法理学:法律哲学与法律方法》,邓正来译,中国政法大学出版社2017年版,第220—229页。

③ 参见[美]E.博登海默:《法理学:法律哲学与法律方法》,邓正来译,中国政法大学出版社2017年版,第220—229页。

理性分析而被明智探讨的问题。例如,罗斯认为,"正义"和"不正义"这两个
语词对于评价某条法律规则或某个法律制度来讲实际上不具有任何意义。
"正义根本就不是立法者的指南。"①事实上,在人际关系中实现正义的问题,
乃是通过法律进行社会控制的最具挑战性的和最为重要的一个问题,一个绝
不是不受理性论证方法支配的问题。运用这种理性方法并不要求人们在评断
某种法律措施的正义问题时做到一致性和普遍性。它只要求人们用不偏不倚
的、宽宏的态度去处理这个问题,并从各个角度去评价与之有关的问题,同时
考虑受到该法律影响的所有的人或群体的利益及其关注的问题。

　　如果最有才智的人也因认为正义是一个毫无意义的、空想的、非理性的概
念而放弃探索法律中的正义与公正问题,那么人类就有退回到野蛮无知状态
的危险。在这种状态中,非理性将压倒理性,黑暗的偏见势力就可能摧毁人道
主义的理想并战胜善良与仁慈的力量。②

　　总之,通过学习前述流派众多、百家争鸣的国际法方法论,我们看到,与西
方学界特别注重国际法方法的教研、传承与反思相比,我国学界对现有国际法
方法论的研习和批判还远远不够,这也直接或间接地导致了我国国际法理论
突破瓶颈、守正创新的疲乏,甚至陷入拾人牙慧、亦步亦趋的怪圈。如前所言,
学好国际法,首先要掌握学习国际法的"工具",国际法方法论作为学习、掌
握、运用国际法的"利器",不仅是国际法学生学习、掌握国际法的关键;而从
实用的角度来讲,更是解决国际争端、处理国际事务、维护国家权益、完善全球
治理的工具箱。诚然,面对前人方家的深思与宏论,吾辈难以望其项背,也不
敢奢求超越,唯愿这本沧海拾珠的拙作能够为我国国际法方法的教学和涉外
法治人才的培养略献绵薄之力。

---

① Alf Ross,*On Law and Justice*,Berkeley,1959,p.274.
② 参见[美]E.博登海默:《法理学:法律哲学与法律方法》,邓正来译,中国政法大学出版
社 2017 年版,第 220—229 页。

参 考 文 献

一、中文著作

[1][美]阿·菲德罗斯等:《国际法》上册,李浩培译,商务印书馆 1981 年版。

[2]阿图尔·考夫曼:《法律哲学》,刘幸义译,法律出版社 2011 年版。

[3]爱德华·卡尔:《20 年危机(1919—1939):国际关系研究导论》,秦亚青译,世界知识出版社 2005 年版。

[4]白桂梅:《政策定向学说的国际法理论》,载《中国国际法年刊》(1990 年卷),法律出版社 1991 年版。

[5]陈朝璧:《罗马法原理》,法律出版社 2006 年版。

[6]《辞海》,上海辞书出版社 2009 年版。

[7]崔书琴:《国际法》,商务印书馆 1948 年版。

[8][美]E.博登海默:《法理学——法律哲学与法律方法》,邓正来译,中国政法大学出版社 2017 年版。

[9][美]汉斯·凯尔森:《国际法原理》,王铁崖译,华夏出版社 1989 年版。

[10][美]汉斯·摩根索:《国家间政治——权力斗争与和平》,徐昕、郝望、李保平译,北京大学出版社 2012 年版。

[11]胡玉鸿:《法学方法论导论》,山东人民出版社 2002 年版。

[12][美]卡伦·明斯特、伊万·阿雷奎恩-托夫特:《国际关系精要(第七版)》,潘忠岐译,上海人民出版社 2018 年版。

[13][奥]凯尔森:《纯粹法理论》,中国法制出版社 2008 年版。

[14][奥]凯尔森:《法与国家的一般理论》,沈宗灵译,中国大百科全书出版社

1996 年版。

　　[15]梁西主编:《国际法》(第三版),武汉大学出版社 2011 年版。

　　[16]梁西著、杨泽伟修订:《梁著国际组织法》(第六版),武汉大学出版社 2011 年版。

　　[17]原著主编梁西,修订主编曾令良:《国际法》(第三版),武汉大学出版社 2011 年版。

　　[18][德]拉沙·奥本海:《奥本海国际法》(第 1 卷),中国大百科全书出版社 1955 年版。

　　[19]李猛编:《韦伯:法律与价值》(《思想与社会》第一辑),上海人民出版社 2001 年版。

　　[20]卢曼:《社会的法律》,人民出版社 2009 年版。

　　[21][美]路易斯·亨金:《国际法:政治与价值》,张乃根等译,张乃根校,中国政法大学出版社 2005 年版。

　　[22][美]罗纳德·德沃金:《认真对待权利》,信春鹰、吴玉章译,中国大百科全书出版社 1998 年版。

　　[23]吕世伦、文正邦:《法哲学论》,中国人民大学出版社 1999 年版。

　　[24][英]马尔科姆·肖:《国际法》(第五版)(上),北京大学出版社 2005 年版。

　　[25]马新福:《法律社会学导论》,吉林人民出版社 1992 年版。

　　[26]孟德斯鸠:《法意》(上册),商务印书馆 1981 年版。

　　[27]慕亚萍、周建海、吴慧:《当代国际法论》,法律出版社 1998 年版。

　　[28][澳]帕瑞克·帕金森:《澳大利亚法律的传统与发展》,陈玮等译,中国政法大学出版社 2011 年版。

　　[29]沈宗灵:《现代西方法理学》,北京大学出版社 1992 年版。

　　[30]孙国华、朱景文:《法理学》,中国人民大学出版社 1999 年版。

　　[31]童金:《国际法理论问题》,刘慧珊等译,世界知识出版社 1965 年版。

　　[32]托马斯·阿奎那:《阿奎那政治著作选》,商务印书馆 1963 年版。

　　[33]万鄂湘、王贵国、冯华健主编:《国际法:领悟与构建——迈克尔·赖斯曼论文集》,法律出版社 2007 年版。

　　[34]万鄂湘主编:《国际法与国内法关系研究——以国际法在国内的适用为视角》,北京大学出版社 2011 年版。

　　[35]王帆、曲博主编:《国际关系理论:思想、范式与命题》,世界知识出版社 2017 年版。

［36］王利明：《法学方法论》，中国人民大学出版社 2018 年版。

［37］王铁崖、周忠海编：《周鲠生国际法论文选》，海天出版社 1999 年版。

［38］王铁崖：《国际法引论》，北京大学出版社 1998 年版。

［39］王治河：《扑朔迷离的游戏——后现代哲学思潮研究》，社会科学文献出版社 1998 年版。

［40］文正邦：《当代法哲学研究与探索》，法律出版社 1999 年版。

［41］吴报定主编：《国际法与国际事务论》，安徽大学出版社 1999 年版。

［42］王宁：《后现代主义之后》，中国文学出版社 1998 年版。

［43］吴晓明：《当代学者视野中的马克思主义哲学：西方学者卷》（中），北京师范大学出版社 2012 年版。

［44］［挪］希尔贝克、伊耶：《西方哲学史》，童世骏等译，上海译文出版社 2004 年版。

［45］亚里士多德：《政治学》，商务印书馆 1965 年版。

［46］杨建华教授七秩诞辰祝寿论文集编辑委员会：《法制现代化之回顾与前瞻——杨建华教授七秩诞辰祝寿论文集》，月旦出版社股份有限公司 1997 年版。

［47］杨泽伟：《国际法史论》，高等教育出版社 2011 年版。

［48］［英］伊恩·布朗利：《国际公法原理》，法律出版社 2007 年版。

［49］尤根·埃利希：《法律社会学基本原理》，中国社会科学出版社 2009 年版。

［50］曾令良、饶戈平主编：《国际法》，法律出版社 2005 年版。

［51］张乃根：《西方法哲学史纲》，中国政法大学出版社 1993 年版。

［52］张文显：《二十世纪西方法哲学思潮研究》，法律出版社 1996 年版。

［53］张文显：《当代西方法学思潮》，辽宁人民出版社 1988 年版。

［54］张宇燕：《经济发展与制度选择——对制度的经济分析》，中国人民大学出版社 1992 年版。

［55］赵建文主编：《国际法新论》，法律出版社 2000 年版。

［56］中国大百科全书总编辑委员会：《中国大百科全书》，中国大百科全书出版社 2009 年版。

［57］州长治：《西方四大政治名著》，天津人民出版社 1998 年版。

［58］周鲠生：《国际法》（上、下册），商务印书馆 1976 年版。

［59］周枏：《罗马法原论》，商务印书馆 2002 年版。

［60］中共中央马克思恩格斯列宁斯大林著作编译局：《马克思恩格斯选集》（第 4 卷），人民出版社 1995 年版。

二、中文论文

［1］白建军:《论法律实证分析》,《中国法学》2000 年第 4 期。

［2］［印度］B.S.契姆尼:《马克思主义国际公法概论》,蔺运珍摘译,蒋斌校,《国外马克思主义》2019 年第 5 期。

［3］陈金全、陈鹏飞:《对柏拉图法律思想的重新解读》,《环球法律评论》2006 年第 6 期。

［4］陈宗波、阮李全:《长征时期中国共产党少数民族权益政策的影响及启示》,《社会科学家》2017 年第 4 期。

［5］邓烈:《国际司法机构的源起与发展路径》,《法学研究》2010 年第 5 期。

［6］段海风:《新旧现实主义法学的内在价值及借鉴意义辨识》,《社会科学家》2018 年第 8 期。

［7］范愉:《新法律现实主义的勃兴与当代中国法学反思》,《中国法学》2006 年第 4 期。

［8］郭夏娟:《女性主义国际政治学方法论》,《世界经济与政治》2003 年第 12 期。

［9］关孔意:《生也绵学派与国际法》,《国际关系与国际法学刊》(第 1 卷),厦门大学出版社 2011 年版。

［10］何志鹏、王元:《国际法方法论:法学理论与国际关系理论的地位》,《国际关系与国际法学刊》(第 2 卷),厦门大学出版社 2012 年版。

［11］何勤华:《中国近代国际法学的诞生与成长》,《法学家》2004 年第 4 期。

［12］贺富永:《全球化背景下马克思主义国际法思想发展的基本走向》,《长白学刊》2015 年第 2 期。

［13］胡铭:《法律现实主义与转型社会刑事司法》,《法学研究》2011 年第 2 期。

［14］黄涧秋:《国际法视野中的女性——女性主义国际法方法论述评》,《山西师大学报(社会科学版)》2008 年第 1 期。

［15］黄晓燕:《马克思主义法学研究方法在国际法研究中的运用》,《新疆社会科学》2012 年第 1 期。

［16］李洪峰:《论国际法第三世界方法的批判性——以认识论和方法论为视角》,《社会科学家》2011 年第 1 期。

［17］李英桃:《西方女权主义国际政治理论述评》,《美国研究》2001 年第 4 期。

［18］刘翀:《现实主义法学的批判与建构》,《法律科学(西北政法大学学报)》2009

年第 5 期。

　　[19]刘少杰:《马克思主义社会学的学术地位与理论贡献》,《中国社会科学》2019年第 5 期。

　　[20]刘绥:《21 世纪马克思主义:内涵、主题与方法论》,《探索》2019 年第 6 期。

　　[21]刘筱萌:《超越规则:政策定向国际法学说之理念批评》,《暨南学报(哲学社会科学版)》2012 年第 5 期。

　　[22]刘志云:《纽黑文学派:冷战时期国际法学的一次理论创新》,《甘肃政法学院学报》2007 年第 5 期。

　　[23]麦克杜格尔:《国际法、权力和政策的新概念》,《海牙国际法演讲集》1953 年第 82 卷。

　　[24]吕岩峰:《马克思主义与国际法研究》,《当代法学》1991 年第 3 期。

　　[25]潘德勇:《国际法方法的源流与发展》,《重庆理工大学学报(社会科学)》2010年第 8 期。

　　[26]斯图尔特·麦考利、范愉:《新老法律现实主义:"今非昔比"》,《政法论坛》2006 年第 4 期。

　　[27]陶凯元:《国际法与国内法关系的再认识——凯尔森国际法学思想评述》,《暨南学报(哲学社会科学)》1999 年第 1 期。

　　[28]王建国:《关注社会现实:法律发展不可或缺的主题——解读卡多佐的社会学法学思想》,《法学评论》2008 年第 5 期。

　　[29]王田田:《跨越大西洋的现实主义法学——斯堪的纳维亚现实主义法学与美国现实主义法学之比较》,《政治与法律》2009 年第 1 期。

　　[30]吴燕妮:《从纽黑文到新纽黑文:政策定向国际法理论的演变》,《江西社会科学》2015 年第 5 期。

　　[31]武静:《论马克思主义法学方法论》,《广西社会科学》2014 年第 2 期。

　　[32]熊静波、郑远民:《形式主义与现实主义的双重变奏——以美国宪法裁判为中心的一个考察》,《法制与社会发展》2005 年第 5 期。

　　[33]徐崇利:《决策理论与国际法学说——美国"政策定向"和"国际法律过程"学派之述评》,《国际关系与国际法学刊》2011 年第 1 期。

　　[34]易显河:《向共进国际法迈步》,《西安政治学院学报》2007 年第 1 期。

　　[35]占茂华:《自然法观念在古希腊的产生与发展》,《外国法制史研究》2019 年第 1 期。

　　[36]张文显:《西方法社会学的发展、基调、范围和方法》,《社会学研究》1988 年第

3 期。

　　[37]周嘉昕:《唯物辩证法的形成——基于马克思恩格斯文本的思想史考察》,《山东社会科学》2014 年第 10 期。

　　[38]周康:《现实主义法学探析》,《哈尔滨学院学报》2016 年第 9 期。

　　[39]周圆:《国际关系中国际司法机构的演进与扩散》,《学理论》2020 年第 10 期。

　　[40]邹立君:《政策定向法理学研究范式及其"法律政治性"——关于拉斯韦尔和麦克道格尔法理学的探讨》,《广东行政学院学报》2019 年第 5 期。

　　[41]曾令良:《现代国际法的人本化发展趋势》,《中国社会科学》2007 年第 1 期。

三、英文著作

[1]A.C.Arend, *Legal Rules and International Society*, Oxford Univerity Press, 1999.

[2]Amold Brecht, *Political Theory*, Princeton University Press, 1999.

[3]Antonio Cassese, *International Law*, Oxford University Press, 2001.

[4]Charlotte Ku and Pau F.Diehl eds., *International Law–Classic and Contemporary Readings*, Lynne Reinner Publishers, 2003.

[5]Cynthia Enloe, *Bananas, Beaches, and Bases, Making Feminist Sense of International Politics*, University of California Press, 2014.

[6]Conway W.Henderson, *International Relations–Conflict and Cooperation at the Turn of the 21st Century*, McGraw–Hil, 1998.

[7]Christopher C.Joyner, *International Law in the 21st Century:Rules for Global Governance*, Rowman & Littlefield, 2005.

[8]Erich Fromm, *Escape from Freedom*, Oxford University Press, 1941.

[9]Eugen Ehrlich, *Fundamental Principles of the Sociology of Law*, Cambridge University Press, 1936.

[10]G.John Ikenberry, *After Victory:Institutions, Strategic Restraint, and the Rebuilding of Order after Major Wars*, Princeton University Press, 2003.

[11]Hyman Levy, *A Philosophy for Modern*, Victor Gollancz Ltd., 1938.

[12]Harold D.Lasswell and Abraham Kaplan, *Power and Society*, New Haven, 1950.

[13]H.W.Babb, *The Law of the Soviet*, Oxford University Press, 1948.

[14]Jordan J.Paust, *The Concept of Norm:A Consideration of The Jurisprudential Views of Hart, Kelsen and John Mueller, Retreat from Doomsday:The Obsolescence of Major War*,

Basic Books, 1989.

[15] Joshua Goldstein, *Winning the War on War: The Decline of Armed Conflict World-wide*, Dutton Press, 2011.

[16] John J.Mearsheimer, *The Tragedy of Great Power Politics*, Norton, 2001.

[17] Kenneth N.Waltz, *Theory of International Politics*, Addison−Wesley, 1979.

[18] Kenneth N.Waltz, *Realist Thought and Neorealist Theory*, in Controversies in International Relations Theory: Realism and the Neoliberal Challenge, St.Martin's Press, 1995.

[19] Karl Marx, *Capital: A Critique of Political Economy*, Random House, 1977.

[20] Montesquieu, *The Spirit of the Laws*, in David Wallace Carritherseds., Vol. 36, Berkeley: University of California Press, 1971.

[21] Jane C. Ginsburg, *Legal Methods: Cases and Materials*, 3rd ed., Foundation Press, 2008.

[22] Martti Koskenniemi, "Carl Schmitt, Hans Morgenthau, and the Image of Law in International Relations", in Michael Byers(ed.), *The Role of Law in International Politics*, Oxford University Press, 2000.

[23] John A.Hobson, *Imperialism: A Study*, University of Michigan Press, 1965.

[24] Oliver W.Holmes, *The Path of the Lawin Collected Papers*, New York Press, 1920.

[25] Robert Axelrod and Robert O.Keohane, *Achieving Cooperation under Anarchy: Strategies and Institution*, in Cooperation under Anarchy, Princeton University Press, 2003.

[26] Roscoe Pond, *Interpretations of Legal History*, Cambridge University Press, 1930.

[27] Robert O.Keohane and Joseph Nye, *Power and Interdependence*, 3rd ed.; Longman Press, 2001.

[28] Robert Gilpin, *War and Change in World Politics*, Cambridge University Press, 1981.

[29] Robert J.Beck, Anthony Clark Arend and Robert D.Vander Lugt eds., *International Rules: Approaches from International Law and International Relations*, Oxford University Press, 1996.

[30] S.A.Golunskii and M.S.Strogovitch, *The Theory of the Stateand Law*, in Soviet Legal Philosophy, 1995.

[31] Steven Pinker, *The Better Angels of Our Nature: Why Violence Has Declined*, Viking Penguin, 2011.

[32] Thomas Franck, *The Power of Legitimacy Among Nations*, Oxford University

Press，1990.

[33]Thomas Hobbes，*Leviathan*，*Harmondsworth*，Penguin Press，1968.

四、英文论文

[1]Ann Tickner，"Hans Morgenthau's Principles of Political Realism：A Feminist Reformulation"，*Journal of International Studies*，Vol.17，No.3，1988.

[2]Anne Marie Burley，"International Law and International Relations Theory：A Dual Agenda"，*American Journal of International Law*，Vol.87，1993.

[3]Barna Horvath，"Between Legal Realism and Idealism"，*Northwestern University Law Review*，Vol.693，No.48，1954.

[4]D.A.Kerimov，"Liberty，Law and the Legal Order"，*Northwestern Law Review*，Vol. 643，No.58，1964.

[5]L.L.Fuller，"The Place and Uses of Jurisprudence in the Law School Curriculum"，*Legal Education Research*，No.11，1949.

[6]Fernando R.Teson，"Feminism and International Law：A Reply"，*Virginia Journal of International Law*，Vol.33，1993.

[7]J.Frank，"Law and the Modern Mind"，*Journal of the American Medical Association*，Vol.96，No.15，1930.

[8]Francis Fukuyama，"The End of History?"，*National Interest*，No.16，1989.

[9]Friedrich Kessler，"Theoretic Bases of Law"，*University of Chicago Law Review*，Vol. 98，No.9，1941.

[10]J.Frank，"Modern and Ancient Legal Pragmatism"，*Notre Dame Lawyer*，Vol.207，No.25，1950.

[11]J.Frank，"Short of Sickness and Death：A Study of Moral Responsibility in Legal Criticism"，*New York University Law Review*，Vol.545，No.26，1951.

[12]F. S. C. Northrop，"Ethical Relativism in the Light of Recent Legal Science"，*Journal of Philosophy*，Vol.649，No.52，1955.

[13]J.A.Gray，"Are Judges Human?"*African Affairs*，Vol.250，1964.

[14]Andrew，Goldsmith，"Legal Education and the Public Interest"，*Legal Education Review*，1998，p.155.

[15]L.R.Helfer，A.M.Slaughter，"Toward a Theory of Effective Supranational Adjudica-

tion", *Yale Law Journal*, Vol.107, No.2, 1997.

［16］Hilary Charlesworth, "Christine Chinkin and Shelley Wright, Feminist Approaches to International Law", *American Journal of International Law*, Vol.85, 1991.

［17］Hilary Charlesworth, "Feminist Methods in International Law", *American Journal of International Law*, Vol.93, 1999.

［18］Louis Henkin, "Lauterpacht's Collected Papers, PCIJ Publications, Series A", *Judgment*, No.10, 1980.

［19］John J. Mearsheimer, "The False Promise of International Institutions", *International Security*, Vol.19, No.3, 1994–1995.

［20］Joan W. Scott, "Deconstructing Equality–verses–Differene: or the Use of Post–structuralist Theory for Feminism", *Feminist Studies*, Vol.14, No.1, 1998.

［21］Jordan J. Paust, "The Concept of Norm: A Consideration of The Jurisprudential Views of Hart, Kelsen and McDougal–Lasswell", *Temple Law Quarterly*, No.1, 1979.

［22］K. N. Llewellyn, "The Constitution as an Institution", *Columbia Law Review*, Vol. 34, No.1, 1934.

［23］Kenneth W. Abbott and Duncan Snida, "Hard and Soft Law in International Governance", *International Organization*, Vol.54, No.3, 2000.

［24］Katharine T. Bartlett, "Legal Methods", *Harvard Law Review*, Vol.103, No.4, 1990.

［25］Lasswell and McDougal, "Legal Education and Public Policy", *Yale Law Journal*, Vol.203, No.52, 1943.

［26］K. N. Llewellyn, "Law and the Social Sciences——Especially Sociology", *American Sociological Review*, Vol.14, No.4, 1949.

［27］Lon L. Fuller, "What the Law Schools Can Contribute to the Making of Lawyers", *Legal Education Research*, No.1, 1948.

［28］Myers S. McDougal, "The Role of Law in World Politics", *Mississippi Law Journal*, Vol.253, No.20, 1949.

［29］Myers S. McDougal, "Law as a Process of Decision: A Policy–Oriented Approach to Legal Study", *The American Journal of Jurisprudence*, Vol.53, No.1, 1956.

［30］Myers S. MeDougal, "The Law School of the Future: From Legal Realism to Policy Science in the World Community", *Yale Law Journal*, Vol.1345, No.56, 1947.

［31］Myers S. McDougal, Harold D. Lasswell and W. Michael Reisman, "Theories About International Law: Prologue to a Configurative Jurisprudence", *Virginia Journal of*

International Law, No.8, 1968.

[32] Myers S. McDougal, Lasswell and Reisman, "The World Constitutive Process of Authoritative Decision", *Journal of Legal Education*, No.19, 1967.

[33] Mary Poovey, "Feminist and Deconstruction", *Feminist Studies*, Vol. 14, No. 1, 1998.

[34] O. Levy, Human, "All Too Human", *Complete Works*, New York, Vol. 7, part. Ⅱ, 1924.

[35] O.S. Ioffe and M.D. Shargorodskii, "The Signifiance of General Definitions in the Study of Problems of Law and Socialist Legality", *Soviet Law and Government*, Vol.3, No. 2, 1963.

[36] P.S. Romashkin, "Problems of the Development of the State and Law in the Draft Program of the CPSU", *Soviet Law and Government*, Vol.3, No.1, 1962.

[37] Rosa Ehrenreich Brooks, "Feminist Justice, at Home and Abroad: Feminism and International Law: An Opportunity for Transformation", *Yale Journal of Law and Feminism*, Vol.14, 2002.

[38] R.Christopher Preston, Ronald Z.Ahrens, "United Nations Convention Documents in Light of Feminist Theory", *Michigan Journal of Gender & Law*, Vol.8, No.1, 2001.

[39] Reisman, "Kosovo's Antinomies", *American Journal of International Law*, Vol. 860, No.93, 1999.

[40] Reisman, "Sovereignty and Human Rights in Contemporary International Law", *American Journal of International Law*, Vol.866, No.84, 1990.

[41] Reisman, "Coercion and Self-Determination: Construing Charter Article 2(4)", *American Journal of International Law*, Vol.642, No.78, 1984.

[42] Robert O.Keohane and Joseph Nye, "Transnational Relations and World Politics", *International Organization*, Vol.25, No.3, 1971.

[43] Rosa Ehrenreich Brooks, "Feminist Justice, at Home and Abroad: Feminism and International Law: An Opportunity for Transformation", *Yale Journal of Law and Feminism*, Vol.14, 2002.

[44] Raibhaia Povertyissi, "Unmet Challenges Facing American Trade Law Ⅱ", *International Lawyer*, Vol.36, No.4, 2002.

[45] Sethgoroon, "Indigenous Rights in Modem International Law from a Critical Third World Perspective", *American Indian Law Review*, Vol.31, 2006-2007.

［46］Siegfried Wiessner and Andrew R.Willard,"Policy‐Oriented Jurisprudence and Human Rights Abuses in Internal Conflicts:Toward a World Public Order of Human Dignity",*American Journal of International Law*,Vol.93,1999.

［47］Tony Smith,"The Underdevelopment of the Development Literature:The Case of Dependency Theory",*World Politics*,Vol.31,No.2,1979.

［48］W.Michael Reisman,"Unilateral Actions and the Transformations of the World Constitutive Process:The Special Problem of Humanitarian Intervention",*European Journal of International Law*,Vol.11,No.3,2000.

［49］O.R.Young,"International Law and Social Science:The Contributions of Myres S.McDougal",*American Journal of International Law*,Vol.66,1972.

五、网站及其他

［1］《中共中央关于坚持和完善中国特色社会主义制度 推进国家治理体系和治理能力现代化若干重大问题的决定》,载中华人民共和国中央人民政府网:http://www.gov.cn/zhengce/2019-11/05/content_5449023.htm,最后访问日期:2021年5月26日。

［2］黄进:《加强我国涉外法治人才培养的战略选择》,载光明法治网:https://legal.gmw.cn/2021-02/09/content_34611217.htm,最后访问日期:2021年6月22日。

［3］刘晓红:《以习近平法治思想为引领加强涉外法治人才培养》,《法治日报》2021年1月20日。

［4］International Law Commission,About the Commission,https://legal.un.org/ilc/ilcintro.shtml,visited on July 24,2022.

［5］International Law Commission,Statute of the International Law Commission,https://legal.un.org/ilc/texts/instruments/english/statute/statute.pdf,visited on July 24,2022.